呂大樂 著

U0061394

那似曾相識的
七十年代
增訂版

中華書局

□ 責任編輯：黎耀強

□ 裝幀設計：甄玉瓊　白靜薇

□ 排　版：時　潔

□ 印　務：劉漢舉

那似曾相識的七十年代（增訂版）

□
著者
呂大樂

□
出版
中華書局（香港）有限公司
香港北角英皇道 499 號北角工業大廈一樓 B
電話：(852) 2137 2338　傳真：(852) 2713 8202
電子郵件：info@chunghwabook.com.hk
網址：http://www.chunghwabook.com.hk

□
發行
香港聯合書刊物流有限公司
香港新界荃灣德士古道 220-248 號
荃灣工業中心 16 樓
電話：(852) 2150 2100　傳真：(852) 2407 3062
電子郵件：info@suplogistics.com.hk

□
印刷
美雅印刷製本有限公司
香港觀塘榮業街 6 號 海濱工業大廈 4 樓 A 室

□
版次
2012 年 7 月初版
2023 年 3 月增訂版第 2 次印刷
© 2012 2023 中華書局（香港）有限公司

□
規格
特 16 開（230 mm×170 mm）

□
ISBN：978-988-8676-31-6

自　序

　　我在1970年考「升中試」，同年9月開始唸中學。中學、預科、大學的求學階段，在1970至1981年間渡過。可以這樣說，自己的青年成長時期，都在七十年代發生。

　　對於七十年代的香港社會，一直有着一種頗為特別的感覺。在主觀感覺上，七十年代似乎過得特別快。明明在中學時期到中環閒逛，穿梭於告羅士打行、舊郵政總局時，還會感受到一種殖民的氣氛，覺得雖然西洋文化就在身邊，但卻又是陌生的東西，有種由外加諸於身上的感覺；可是，到了1980年前後，坊間流傳的已經是另一番感受、看法，殖民的氣氛雖未至於消失，但慢慢變得並不顯眼。又明明在七十年代初期，在街上收到「爭取中文成為法定語文運動」的宣傳品時，覺得殖民政府脫離群眾，又很頑固，市民爭取社會改革，猶如緣木求魚。但幾年之後，請願抗議不再是什麼新鮮事物，而在行動的背後，是一種新的觀念的形成——跟政府談判，要求修改政策，不再被視為天方夜譚。當然，還有普及文化方面：由粵語片轉變為港產片，由粵語時代曲轉變為本地流行音樂，再加上逐漸自成一格的電視劇，當中發生的變化，相信沒有人會在七十年代初所能預見得到。的確，七十年代香港，新舊交替。或者就是這個原因，七十年代初期的普羅大眾的生活經驗、群眾情緒很容易被視為過渡現象，這個殖民地社會

最終會演變為後來的香港。更有趣的是，才不過是剛剛踏入八十年代，這個「後來的香港社會」（也就是大部分香港人選擇性的突出的香港社會及文化面貌）便被很多人視為香港的本質。我相信，七十年代後期的「回鄉潮」、八十年代初的政治前途談判，都是強化這種思想轉變的重要因素。到了七十年代後期，我們開始對香港社會產生了一份之前十年、二十年所未曾有過的肯定。

當然，身邊同輩的朋友有時候會提醒我，或者以上所講，有可能全屬錯覺。由小學升上中學，再而踏入大專階段，個人生活的圈子和步伐本身就有很大的變化，於是在感覺上，覺得那個時代變得特別快速。他們的意思是，或者香港的七十年代並不怎麼樣，只是我們那一代人適逢其會，剛好在那段日子成長，才會有那種感覺和理解。

朋友的意見不無道理，不過他們似乎忽略了一點——而且是很重要的一點——這就是經常會提起七十年代香港社會，並對它有不同想像者，並不限於某一特定的年齡群。差不多在所有關於香港的過去、現在與將來的論述中，都有七十年代這一環節，而且佔上一個相當重要的位置。這並非因為只要順着歷史時空的發展軌跡，自自然然的便會（或者需要）談到那一個午代，而是它在很多人（無論有沒有親身經歷）的心目之中，都有一個特殊的地位。在他們眼中，七十年代的香港社會早有一個清晰的面貌，就算未有完全一致的理解，但大概已有高度共識。這也就是説，香港人對於七十年代香港，有種想當然的看法，不是很多人會覺得有需要對那個年代重新審視。

我總覺得上述那種想當然的想法，不單無助於更立體的、多角度的認識七十年代的香港，而且也會影響我們如何理解那個時期前前後後的社會面貌。以發展香港社會研究的角度來看，七十年代的香港社會是整個砌圖中十分重要的一塊，對它的掌握與理解，會影響我們如何閱讀和分析戰後香港的社會轉變。對於時下流行的很多關於七十年代香港社會的「定論」，我不以為然。基於這個原因，我決定「重訪」那個自己曾經經歷的年代，發掘一些自己不曾了解的事情。

　　本書所收集的文章，大多數（除了第五章之外）原先都是為了參與研討會而準備的講稿或論文。當初在研討會上讀出的講稿，有些只是半完成的論文，有些甚至只得一個大綱，還未百分百想好當中每一部分的連繫。但在報告及之後的討論過程之中，聽到不少很有建設性和具備參考價值的意見，並收納於修訂稿之內。對於（重新）認識當代香港社會，我持開放態度，希望有更多新的假設、歷史資料、看法的出現，而不是重複所謂的「定論」。我情願冒着有可能犯錯的風險，提出有可能被否定的看法，也不想見到太多有時是想當然的，有時是因為情感因素而產生的，或基於政治立場或主張而建構的「定論」。就像這本書所收的幾篇文章一樣，都是交流與回應，然後修訂的成果。在我看來，現在結集成書，也只不過是一種臨時定型的狀態，日後當有新的材料、解釋之時，再有修訂或者全面改寫的機會。香港社會研究要發展起來，需要拋出更多假設、初步想法，然後深入的辯論，反覆論證，發掘新的材料，提出新的解釋，而不是急於尋找共識，以政治主張代替研究，或者只是通過修辭來重複一些「定論」。

目　錄

第三部分　**麥理浩時代**

出版八年後回顧

第一部分

關於七十年代

為了加強市民對香港的歸屬感,殖民地政府推出「香港節」,有花車巡遊等節目。最初兩年尚能吸引市民觀賞,後來民間反應變淡,無疾而終,這代表了「由上而下」由政府刻意培養歸屬感的一次失敗。(詳見本書第一章)(照片提供:高添強)

1975年，丹麥貨輪「馬士基號」載三千多名越南難民來港。加上
1976至1980年間有數十萬內地移民湧入香港，香港社會對本地人口
有了一個新觀念。圖為1978年12月台灣貨輪滙豐號載着二千七百多
名越南難民抵港。（詳見本書第一章）（照片來源：《香港全紀錄·卷
二》〔香港：中華書局〕）

作為戰後第一代香港小康之家的私人大型屋邨代表的美孚新邨，1966年開始興建，1975年各期全部完成。其落成象徵了一個較富裕階層的出現。（詳見本書第一章）（照片提供：高添強）

重新認識七十年代

七十年代的香港社會作為一個研究課題，確實是有點尷尬。

作為歷史，它屬於當代，跟作者與讀者都缺乏一種距離。它的問題倒不在於是否時間尚早，未能蓋棺論定，而是很多事物、經驗、記憶依然新鮮，還在人們的腦海裏（因此每個人都有他的説法），令人以為自己心中亦有答案，欠缺一種對歷史的好奇。

至於作為回應眼前各種問題的社會分析，這個課題又好像扯得太遠，未能貼近正在身邊發生的社會、政治、文化轉變。這種不覺得有需要退後一步，嘗試從歷史、社會發展去認清眼前事物的心態，在香港尤其嚴重，事關社會現象日日新鮮（新聞題目從不短缺），稍不留神便會跟最新的發展脫節，落後於形勢。當眼前所見已經令很多人忙個不了的時候，還有誰有興趣去問，如果重新認識七十年代，會否改變對香港社會的過去、現狀與將來的一些理解、判斷。

不過，雖然尷尬，這個題目卻對於瞻前顧後，認真了解香港，特別有意思。

時下坊間有不少有關香港社會的論述，均以論者對「七十年代香港」所持的看法與態度為基礎，然後各自建構他們意圖推廣的香港故事。在這個各自表述的過程之中，「七十年代香港」局部的某一個方面，會被不成比例的放大，選擇性地呈現在大眾面前。但說來奇怪，就算是「七十年代香港」片面的理解，一般都不會引來強烈的反應或惹人批評，反而經常可以拼砌出動人的大故事、圖案。假如大家談論的是另一個年代，而不是「七十年代香港」的話，效果肯定完全不一樣。[1]

在一定程度上，「七十年代香港」的確有着一種神話的色彩，它能跟各個社會階層的人對話；對任何一種社會背景的人士來說，都會有他心中的一個「七十年代香港」故事。更重要的是，這個製造香港故事的過程，並不是單方面由上而下加諸在市民群眾身上，而是普羅大眾亦積極回應，有所共鳴。整個過程不可能隨便一句，說這就是意識形態，便以為這就可以將有關的現象圓滿地解釋過來。我們需要承認，對香港的市民大眾　　不限於後來成為了小老闆、中產階級的一群，就算是普羅市民、一般街坊亦有同感——而言，「七十年代香港」有一種特殊意義。在他們眼中，那是香港社

---

1 舉例：對六十年代的理解，便會在1967年的暴動（單就應否稱為暴動，便有爭議）這個議題上存在分歧。

會的，也是他們個人或家庭的黃金歲月。直接的説，對不同社會階層的人來説，那是他們的「好日子」（而所謂的好，不一定指經濟方面，同時也沒有一個單一的標準）。

普羅市民的主觀感受，很難説是無中生有或完全受到意識形態所蒙蔽。但我們也知道，它並不一定可靠。[2]市民的集體感覺、情緒，以至理解事物的框框、心態，很多時候都是事後才建構出來的，屬後來才形成的想法，並不一定反映當時的態度、看法。嘗試重新閱讀和理解「七十年代」，並不是説我們要「回到歷史現場」，將當時的「原貌」呈現出來。事實上，我亦不相信可以或有需要回到某一個指定的「現場」去。同時，所謂的原貌不能避免是經過理解和演繹的面貌。嘗試再次進入「七十年代」，我的目的很簡單，只在於重新開放閱讀那個時期的香港社會的方式，令認識、理解、分析可以較為立體和多元化，而不要不停的重複那些近乎固定的看法。

「七十年代的香港社會」是當代香港社會研究的拼板砌圖中，相當重要的一塊。將它誤放到一個錯誤的位置之上，會引導我們朝向更難以掌握整個圖案的方向。所以，重新打開「七十年代香港」，其意義不僅在於豐富我們對那一段歷史的認識，而是一如前面所提到，這將會幫助我們好好理解和分析當代香港社會的狀況與

2　一個有趣的例子是關於上海租界公園是否曾經存在「華人與狗不得入內」的告示牌的問題，見Bickers and Wasserstrom（1995）。

發展，尤其對七十年代前後所發生的變化，有深刻的反思。

　　本書內容主要分為兩大部分。但在未進入那兩部分討論之前，我想我們應該先重新思考一下所謂的七十年代，究竟所指的是哪一個時期的香港社會。我當然明白，在一般討論的用詞之中，七十年代（又或者任何一個年代）並非很準確的指示某個年份；年代一詞的意思通常與日曆牌上的實際年份沒有直接關係，而是泛指某個具備一些共同的社會特徵（中間通常穿插着一些重大的社會事件）的時期。所以，理論上當大家在討論七十年代的香港社會的時候，彼此心裏其實是知道，議論的範圍毋須局限於指定的十年。對一些讀者來說，他們或者會認為我在〈無關痛癢的1974〉一文裏所說，1974年前後的七十年代香港有兩個頗不一樣的社會面貌，有點多此一舉：大家早就知道，七十年代只不過是一個概念！但我想強調的是，儘管大家有此意識，可是在討論及分析當代本土社會歷史發展時，卻少有細緻了解那還未有成為「七十年代香港」的香港，究竟是怎樣的一個社會，而民眾又抱着什麼態度來生活。〈無關痛癢的1974〉旨在再次強調「七十年代香港」是一個概念之外，更想讀者思考這個概念如何以偏概全，引導我們忽略了七十年代初期的社會狀況與民情民意，並因此而產生很多於事後對那個時代的片面埋解。第一章的目的正在於從開始閱讀本書之初，便對「七十年代的香港社會」這個概念有着一種反思的自覺。[3]

3　所謂的七十年代是從何時開始，而又到了哪個時候才告終結（也就是說香港社會進入所謂的八十年代），當年丘世文（1982）曾寫過這個題目。

　　由第二至第六章所組成的「殖民地的生活經驗」的部分，嘗試凸顯七十年代作為新舊交替、民情轉向的時期。要了解當時的日常生活中的各項細節，需要有一個殖民的角度，才可以掌握那種社會生活的特點。〈殖民冷經驗〉和〈當時間還未有變成歷史：維多利亞城的消失與殖民經驗〉兩篇，強調當時很多人跟殖民制度保持距離，以抱着一種疏離感的方式來生活。不知是否「疏離」一詞容易令人聯想到一種負面的關係（例如缺乏投入感）和情緒（例如冷淡），以致很多有關本土意識的形成的分析與討論，均傾向於將焦點放在由移民身份及寄居的心態轉變為產生歸屬感的過程，而少有正視這種疏離感是香港本土文化的其中一個組成部分。更值得注意的是，由於忽視上述那種疏離感，大多數討論並沒有嘗試了解它對香港社會與文化所產生的作用。這份距離與疏離感或者令他們對好些歷史、文物缺乏濃厚的感情，但卻又是促使民間社會思想活潑的重要元素。在沒有一個所謂的正統的束縛之下，港式文化百花齊放。

　　〈足球政治與冷戰的微妙關係〉一章談的是殖民地時代的一種特殊的社會、政治狀態。它以六七十年代期間的足球政治為題，分析的是中港之間的微妙關係。在戰後殖民地社會政治環境裏生活的有趣經驗，是國共之間的鬥爭無處不在，但它的存在若隱若現，隱藏於大家心照不宣的灰色地帶裏面。這種政治的背後的一個更宏觀的環境，是當時國際政治關係中的冷戰佈局。我總覺得，長期以來香港社會研究忽略了冷戰對本土社會內部所產生的作用，是一大缺失。[4]事後看來，當年的冷戰政治與國共之爭，其實是日常生活

中的一環。談到日常生活，六七十年代的一大轉變是消費逐漸進入平民百姓的生活，而這在當時年青一輩的圈子裏就更為明顯。第五章〈殖民空間與現代性〉分析的是消費與購物商場文化的形成。該文除了討論上述現象之外，還觸及當時在殖民地生活的一些有趣經驗。首先是那面向來自世界各地的觀光遊客而同時又是消費點的遊客區，雖然會令一般香港人有種疏離的感覺（因為服務對象是外來的觀光遊客），但它卻是一處接觸香港以外的世界的界面。而海運大廈的出現，為不同背景的港人提供了一個接觸泊來的、摩登的文化空間，給他們一個想像一下香港以外另一種生活的可能。

至於第六章〈矮化的公民概念：生活秩序與民間公共文化〉所討論的，是殖民政府在七十年代初所推動的兩次社會動員——「清潔香港」和「撲滅暴力罪行」運動。跟之前殖民政府嘗試打造公共文化的工作有所不同的是，那兩次運動包括了推動社區參與及建立基層組織。限於殖民制度下封閉的政治空間，當時的港英政府並未有為港人提供一種實踐全面的、實在的公民權的可能性；社會動員所強調的，只是市民的責任感，而在鼓勵市民參與的各種活動背後，也只是一種矮化的公民概念。資料所限，第六章所分析的是當時殖民政府的考慮與部署，而不是市民的回應。不過，話雖如此，從分析殖民政府的社會動員工程，也可以幫助我們思考一下，香港人是在怎樣的社會、政治環境裏，逐漸發展出一種新的生活秩序與民間的公共文化。

4　例外是Mark（2004）、黃愛玲、李培德（2009）。

最後的那一部分所處理的問題，是殖民經驗的另一重要環節——殖民政治。殖民處境的特點是殖民政府及其政治的實際運作，通常都並非民眾所能直接接觸或感受得到的。所謂殖民政治的隱閉性，包括不同維度：倫敦對香港狀況的了解，並非瞭如指掌；儘管前者可以指揮後者，將主權國的利益和考慮加諸於後者身上，但殖民地亦不一定照單全收，完全沒有異議。在地的殖民政府官員與倫敦之間的關係，這本身便是一個相當複雜的問題。在這種複雜而且微妙的殖民政治關係裏，還存在高層官僚（例如港督及他的政治顧問）與一般高級官員（如較高職位的政務官）之間的距離；後者對來自倫敦的信息和指示，所知可能十分有限。在具體施政的過程之中，在地的殖民地官員也不一定清楚知道有關政策、行動的政治含義。至於市民大眾，就更多時候只是憑着主觀感受來感覺殖民政治，難以掌握表面現象背後的政治考慮與操作。〈「麥理浩時代」的殖民性〉一章的討論內容，旨在呈現出上述殖民政治的複雜性與隱閉性。在重新認識殖民政治的過程中，有關討論將涉及市民大眾對所謂的「麥理浩時代」的片面理解（例如一面倒的正面評價，令很多人忽略了他的施政問題）、倫敦與香港之間的政治互動。以上所講的，均非只從重新整理市民大眾在殖民時代的生活經驗而有所掌握。要充份了解殖民處境，必須分析主權國、殖民政府及兩者之間的互動。

要認識香港曾是怎樣的一個殖民社會，我們需要更多研究和討論。

第一章

無關痛癢的1974[1]

自問自答

　　有關香港社會的——無論是學術的還是普及的——論述，論二戰之後的社會發展，總是在談過1966年九龍騷動和1967年的暴動之後，便迅速地「鏡頭一轉」，轉到麥理浩來港出任港督、港英政府推行「十年建屋計劃」、1974年成立廉政公署……，彷彿六十年代末至七十年代中那一段時間只不過是一段過場的戲，它本身並無

1　本文原為第一屆（2003年）「香港文化與社會」研討會上的講稿，經修改後以現有的題目於吳俊雄、馬傑偉、呂大樂合編的《香港‧文化‧研究》（香港：香港大學出版社，2006）上發表。現只略作修訂及補充，基本上沒有改動原文的論點。現得香港大學出版社同意以這個版本重印，特此感謝。原稿的一些初步想法，源於與姚偉雄撰寫〈暗箭難防：過渡狀態與香港文化原型〉（該文收於黃愛玲編輯的《邵氏電影初探》）時的交流。在撰寫本文及進行相關研究的過程中，得香港中文大學社會學系在經費上的資助，特此鳴謝。另於研討會上得多位朋友提出寶貴意見，也在此表達謝意。

特殊意義。[2]在這樣一個理解香港社會發展的框框底下，這一段過場的戲最多也只不過是香港朝着某個方向發展的前奏而已。從事後的角度來看，後來發展出來的本土文化、身份與認同，都是理所當然，最自然不過的。大概也是因為受到這樣的一個理解框架所影響，現在我們會不斷反覆地以一些事後的觀點和符號（最明顯的例子是近年對「獅子山下」的濫用）來重組關於七十年代香港的社會記憶。而結果就是不斷的編寫一段早有既定方向、有着歷史目的論傾向的社會歷史，而不是將那段歷史和那個時代，重新開放，閱讀當中不同的意義之餘，更從多角度去重新檢視。

當然，我完全明白，所有社會記憶的建構都是一場社會力的角力。這一場角力存在權力上的差距，所以建制力量有條件在建構的過程中，為現存的制度安排自圓其說。但我們也需要注意到一點，就是作為一場角力，它也有一定的空間供反對的聲音插進建構的過程之中，令最後建構出來的社會記憶有着多層次的意義，甚至有着一種不確定性的效果，使意識形態的鬥爭在霸權與反霸權中間仍有

2　同樣，論香港文化，往往也是輕輕略過那個時期——談英雄形象，總是由「黃飛鴻」關德興跳到李小龍再到成龍，異常簡單的由中國傳統轉型到現代香港本地文化的過渡與轉化，對不易套入這個框框的人物與形象，少有認真對待。有關的討論，見呂大樂、姚偉雄（2003）。我相信，同樣是因為在這個理解香港社會文化發展的框框裏，也沒有太多人會注意到，在五十年代的「社會寫實片」與七十年代的「諷刺社會時弊」的喜劇（例如1974年的《香港73》和《多咀街》）和以揭露社會黑暗面招徠的「時事話題電影」（如1975年的《廉政風暴》）兩者之間，還有龍剛所導演，展現香港社會處於一個困局的處境的「社會問題相關」的電影（呂大樂，2010a）。

拉鋸的空間。[3] 然而，有時候在建構社會記憶的過程中，無論是正方還是反方，都因為忙於搶點（在某些容易在群眾中間引起迴響的符號上進行建構與反構），而令雙方都踏入同一個陷阱——大家只停留在如何理解某一項社會記憶或某一個歷史符號的問題上爭議，而雙方都沒有去豐富其歷史與記憶的想像。大概就是這個原因，關於香港社會在「後暴動」至七十年代中期的狀況，現在霸權與反霸權雙方所選取的社會記憶其實都十分相近；雙方的分歧不在於記憶的內容，而只是在於理解的不同。後果是我們對該時期的社會記憶，反反覆覆地「循環再造」，對某些未被選取或無意識地壓抑下來的人和事，既未有認真面對，也沒有重新思考其歷史文化意義。

本文旨在探討上面指出的問題，通過閱讀有關文件與重組個人記憶的方法，為我們對七十年代中的香港社會那近乎空白的社會記憶，提出一些疑問，填上一點資料，並希望藉此說明，我們實在有需要更認真的重新閱讀七十年代。

未解之謎

關於當代香港社會與文化的轉變，我一直認為有兩個問題是未有得到充份重視的。一是關於「後暴動」時期的狀況。在現有很

3　特區政府高層官員和一些社會領袖利用「獅子山下」來建構香港精神，在本地傳媒引起了一定的迴響，但也引來其他人同樣以同一首歌曲、同一套港台電視節目和同一個意象來進行反建構。見史亦書（2002）；張敏儀（2003）。

多關於香港社會與文化發展的討論當中，都會以1966年九龍騷動和
1967年暴動作為近代發展與轉變的分水嶺。一方面，我同意一些學
者所講，近代香港社會與政治的重大轉變並非全都由於受到這兩次
事件所衝擊而發生。[4]但是，我們又得承認，兩次騷動、暴動又的
確對整個社會及殖民地管治系統造成了重大衝擊，令港英政府更自
覺需要面對種種社會矛盾，同時亦要改變管治的手段。所以，以它
們作為分水嶺，不無道理。事實上，不少後來發生的變化（如社會
運動的出現、港英政府的某些改革）都可以追溯到那兩次重大事件
及其影響。[5]可是，另一方面，部分直接或間接由1966年九龍騷動
和1967年暴動所引發的社會轉變——特別是由有關歸屬感的討論到
本土意識和文化的生根與成長——卻存在「時間差」的情況，到
七十年代中期才見形成。儘管當時殖民地政府曾想盡辦法去加強民
眾（特別是針對年青一代）的歸屬感，改變殖民政府的形象和強化
與基層的聯繫，但其效果卻是相當有限。與此同時，受到兩次騷動
所衝擊的年青學生，在他們中間所發展出來的社團及運動，很快便
由保衛釣魚台及其後出現的「認中」活動所吸納。年青一代覺醒後
的社會運動竟沒有走向本土，反而是以尋根和認識祖國最能發揮動
員之效。這個現象是需要解釋的。

4　例如科大衛便提醒我們須要留意英國的殖民地政策之轉變所帶來的空間。見
　　Faure（2003: 58, 73）。類近的觀點，見Tsang（2004: 197-198）。他們亦指出，港
　　英政府在六七十年代所推出的不少新政策，其實很多始於港督戴麟趾。有關戴麟
　　趾出任港督時期在社會福利、房屋及醫療方面的新政策，見呂大樂（2010b: 78-
　　84）。

5　我們也必須正視1966年及1967年前後港英政府施政的延續性，見後面第七章的
　　討論。

　　第二，無可否認，七十年代香港是民情轉向的年代。要了解本土意識與文化的形成，必須深入研究這個年代。現在事後看來，這不難理解。七十年代、又或者一般所稱「麥理浩年代」（South China Morning Post, 1982），是殖民地政府回應來自民間的社會壓力與自我完善的年代，同時也是香港經濟迅速發展及擴展的時期（更全面的審視港英殖民政府在七十年代的施政，見第七章的討論）。整個社會和經濟處於上升的軌道，種種問題和民間的不滿都在這迅速發展經濟的過程之中得到（儘管並非圓滿）解決。但站在七十年代的時空上去看當時的社會狀況，則明顯地難以預測後來社會發展的曲折路徑。至少到了1974年，對於香港社會再走下去會是怎樣的一個局面，仍是未知之數。直接的説，當時沒有人會預見到後來民情的轉向，更不敢肯定本土意識與文化會發揚光大。對於這段曲折發展的道路，是需要認識的。更重要的是，我們應對未發展出本土意識與文化之前的香港文化原型有多一點了解，從中可幫助我們更深入認識香港文化之本貌。

　　簡而言之，我主張我們應嘗試站在七十年代初香港社會的角度，來看當時的社會狀況：

　　一、經濟環境方面——1973年發生股災，而經濟環境亦受到石油危機與世界經濟衰退的影響。通貨膨脹與失業均屬嚴重的社會經濟問題。「香港股市的暴漲暴跌，石油危機引發的世界經濟衰退，使得1972－1975年的香港商情嚴重衰退，成為戰後繼禁運引起的商業蕭條之後，又一次商業蕭條的時期。……市場不景氣使市民就

業情況自1973年起開始逆轉，影響整個消費，也嚴重打擊了中小工商業。1975年上半年，香港的失業情況最為嚴重，估計全失業二十萬人（工業佔十二萬人，商業八萬人），半失業也有此數。」（孫麗鶯、劉蜀永，2004: 250－252）

二、社會經濟方面──七十年代初的香港社會尚未真真正正的發展到達一個富裕的水平。雖然有部分人已富起來了，[6]但以整個社會來說，多數家庭仍需為口奔馳，要全家總動員去應付一家人生活上的開支。[7]至於就業與社會流動的機會，雖然快速的經濟發展已經開始帶來了更多的機會，可是論中產階級位置的開放，還是要等到七十年代中期以後，才變得更為普遍（見表1.1）。

三、在日常生活方面，住屋問題尚未解決，就算是幸運地已經「上樓」（即入住公共屋邨）的，他們的居住環境仍然擠迫，設施簡陋。儘管基本教育逐漸普及，可是於1971年仍有十三萬三千多年齡介乎十至十六歲的兒童及青少年沒有入學，而當中約四份三有外出工作（Census and Statistics Department, 1972: 66）。在日常生活層面，社會秩序是最基本的問題；貪污是滲透社會每一個角落的問題，其中以警隊貪污最為嚴重，在街頭目睹「派片」、收黑錢、包庇外圍賭檔，是很多普通市民日常生活經驗的一部分；暴力罪行和

6　美孚新邨的落成象徵了一個較富裕階層的出現，見Rosen（1976）。

7　見Salaff（1981）；蔡寶瓊（1998）。除了年青子女要外出工作之外，當時已婚婦女在家做外發加工也甚為普遍（Lui, 1994: 45-57）。

表1.1：1961－1981年間勞動人口按職業分類之增減

職業 / 年份	1961	1971	1976	1981	1961－71 (%)	1971－76 (%)	1971－81 (%)
專業、技術及有關之工作人員	60,907	79,978	101,930	143,700	+ 31.3	+27.5	+ 84.7
行政及經理級工作人員	36,629	37,588	39,930	64,106	+ 2.6	+6.2	+ 70.6
文員及有關之工作人員	69,644	128,624	179,880	293,905	+ 84.7	+39.9	+128.5
銷售人員	162,984	163,817	214,420	247,924	+ 0.5	+30.9	+ 51.3
服務業工作人員	179,739	229,516	276,250	374,093	+ 27.7	+20.4	+ 63.0
農民及漁民	87,581	59,442	49,940	50,676	- 32.1	-16.0	- 14.8
生產及有關之工作人員、運輸設備操作人員及雜務小工	580,424	808,235	979,880	1,212,545	+ 39.3	+21.2	+50.0
軍人及未分類的類別	13,191	39,724	25,250	17,118	+201.1	-36.4	- 56.9
總　　計	1,191,099	1,546,924	1,867,480	2,404,067	+ 29.9	+20.7	+ 55.4

資料來源：Census and Statistics Department, *Hong Kong By-Census 1976 Main Report: Volume II Tables*（Hong Kong: Government Printer, 1977）, pp.102－109; *Hong Kong 1981 Census Main Report: Volume 1 Analysis*（Hong Kong: Government Printer, 1982）, p.138; *Hong Kong 1991 Population Census: Main Tables*（Hong Kong: Government Printer, 1992）, p.114

街頭犯罪是第二大問題，當年的屋邨（特別是所謂的徙置區）常有箍頸黨、道友埋伏，間中又有黑幫械鬥，治安欠佳，而街頭幫會冒起，更令市民不安；由政府帶頭推行撲滅暴力罪行、清潔香港等以社區為動員基礎的運動，說明了問題的嚴重性。據一份於1974年所

進行有關青年犯罪的調查報告，受訪中沒有犯罪記錄的年青人（年齡在十二至二十歲之內），八成不同意香港的法律公平和大部分警察是正當的人，另有六成多同意賺大錢不一定要有真材實料的看法（Ng et.al., 1975: 128, 132）。至於在普及文化方面，電視作為家庭娛樂及資訊媒介，於六十年代末迅速普及，由1968年只有27.0%的住戶裝有電視機，到1970年已躍升為60.0%；1974年裝有電視機的住戶再升至86.2%，到1976年更達九成之數（引自Wong and Yu, 1978: 3），電視成為了最具影響力的傳播媒體（吳昊，2003b）。[8]

---

8 當時有關本地傳媒的另一些關注點，分別是色情文化與暴力文化。前者表現於多份「黃色小報」的創刊。例如《今夜報》於1972年創辦，據說日銷達五萬多份（香港報業公會金禧紀念特刊編輯委員會，2004：37）。同期出版的「黃色小報」還有《新夜報》、《星夜報》、《真夜報》等。而色情文化又不限於報章，本地成人刊物之出版於七十年代如雨後春筍，其中《尤物》雜誌的督印人及編輯於1976年被控刊登淫褻性圖片被重罰（同上），多少說明當年成人刊物之情況。至於電影方面，就外語成人電影，1973年有電影《輪上春》遭禁映。1972年放映丹麥電影《鹹濕先生》後，由奧利蘇托夫主演的「鹹濕先生系列」相當受歡迎，連同與他合作的女明星碧蒂杜芙亦被邀來港演成人電影（如《丹麥嬌娃》、《女集中營》等）。同期另一受歡迎之外語成人電影演員為蘭杜布山卡。這個外語成人電影演員受注意及追捧的現象頗值得了解。事實上，同樣情況亦發生在港產電影之上。例如男演員伊雷便走類似「鹹濕先生」或蘭杜布山卡的路線，以諧趣再加上成人電影的味道來吸引觀眾。但本地觀眾更多注意的，是港產成人電影的女演員（不一定指所謂的「脫星」，風騷女星亦可以）。七十年代以風騷路線而走紅的女星，有胡錦、貝蒂等。而貝蒂有份演出的《迷幻嬌娃》有發行「歐洲版」（〈國語有味電影的歐洲版〉，《華僑日報》，1974年1月3日）供應海外市場，其「大膽」程度更甚於本地版。本地成人電影早於六十年代後期已成風氣（石琪，1984），1972年李翰祥推出《風月奇譚》，開始了「風月片」之風，而愈來愈多裸露鏡頭，凸顯所謂的成人口味的本地電影亦陸續在1973年登場，到1978至1979年前後才淡出本土市場。七十年代也是本地功夫武打漫畫的發展時期。黃玉郎所著《小流氓》（其後易名《龍虎門》）於1970年創刊，銷量甚佳。色情與暴力文化引來關注，1974年國際少年服務團及香港社會工作人員協會發表研究報告，促管制公仔書（《華僑日報》，1974年8月25日）。同年8月救世軍發起反色情運動，而10月亦有其他教育團體公開批評公仔書的暴力與色情。

　　四、在社會方面，學生運動的出現給殖民地政府帶來了政治的壓力與挑戰；之後陸續出現社區居民的行動，公務員、文憑教師的工業行動（遠東事務評論社，1982；香港專上學生聯會，1983；呂大樂、龔啟聖，1985；Leung and Chiu, 1991）；而大型運動如爭取中文成為法定語文運動、保衛釣魚台運動，更在年青學生和知識份子中間起了重大的衝擊；民間抗爭與動員的出現，源於對殖民地制度的不信任與抗拒；在七十年代初的時空上看香港，很難可以想像到後來各方市民（包括左派人士）都希望挽留麥理浩繼續擔任港督（章嘉雯，1979；沈永興，1994：200）。

　　五、政治方面，「後暴動」時期乃殖民地政府嘗試重建政府與社會關係的一段時間；針對當時的社會矛盾，殖民地政府開始制定保障工人的法例（當然，以後來的標準來衡量，那都只不過是十分「原始」的保障），而與此同時又推行民政主任計劃，希望加強與地區市民的聯繫；為了加強市民對香港的歸屬感，推出「香港節」，有花車巡遊等節目，最初兩年尚能吸引市民觀賞，後來民間反應變淡，無疾而終，這代表了「由上而下」由政府刻意培養歸屬感的一次失敗；騷動後的殖民地政府檢討其管治架構，有市政局議員甚至聯名要求英國政府改革香港政制，多番討論後結果只是於1971年改組市政局，而沒有更廣泛的開放政治參與的渠道；面對一浪接一浪的抗議行動、社會運動，殖民地政府並沒有開放參與決策的門路，依然封閉、官僚，而對待異見，會有選擇地進行打壓，例如1972年仁義村居民到大會堂露宿抗議，結果居民及大專學生被拘控（呂大樂、龔啟聖，1985）。

我想說的是，在七十年代中期及以前，香港社會於後來所發展
出來的社會及文化秩序，尚未形成。但在1974年，我們可以初步觀
察得到新舊交替與轉變的準備。

1974

今天，1974這個年份之所以會出現於香港大事的記載之中，主
要就是因為該年是廉政公署正式成立的日子，而廉政公署後來成為
了「香港社會走向理性化與進步」的象徵，1974年也就理所當然的
歸納為「繁榮、安定與進步」的「麥理浩年代」的一部分。至於其
他關於1974年的，都只不過是枝節而已。

說來奇怪，今天很多人會視1974年廉政公署的成立作為香港
社會發展的一個重要里程碑，然而對於同年4月成立的消費者委員
會卻少有提及。但正如吳昊（2003a）所指出，關於廉政公署，「初
時市民對它沒有好感」。當時市民對於港英殖民地政府是否真心打
擊貪污，仍是半信半疑。相反，1973至1974年在民間最熱烈討論的
是通貨膨脹、白米價格暴漲、加價、加費、商戶牟取暴利等問題。
有關的議論促成了消費者委員會的成立，雖然當時市民也不相信像
消費者委員會這樣的一個組織可以對平抑物價做到些什麼具體的事
情，但論民生的關注點，則肯定當年市民關心通貨膨脹多於肅貪倡
廉。廉政公署曾以「靜默革命」作為宣傳口號之一，同時亦以此來
描述該機構的工作。現在事後看來，這樣描述廉政公署的工作也
倒傳神。成立初期，市民多認為它只能「打蒼蠅」而不敢「捉老

虎」。後來「革命」成功，是因為廉政公署靜默地打擊了有組織的貪污，並且改變了香港的組織文化和市民對貪污行賄的態度。不過，在1974年，誰都沒有預見到這個「革命」可以成功。在一般市民眼中，更迫切和更有機會可以產生一點實際作用者，可能是消費者委員會。回應消費者委員會成立，《華僑日報》於4月10日發表一篇以「香港需要一個平抑物價機構」為題的社論，反映了當時民間的主觀願望。[9] 比較當時報刊對政府成立廉政公署與消費者委員會的反應，前者的態度淡然，顯示出民眾對殖民地政府仍然缺乏信心，不相信它有決心除公害，而對後者的種種期望，則反映出當時通脹問題之嚴重，民眾的主觀期望。

事實上，在石油危機所引發的世界經濟衰退的衝擊下，1973、1974年的生活並不好過。當時曾有評論文章，題目為「戰後以來最淡弱的聖誕節市」（刊於1974年1月7日出版的《華僑日報》），寫在經濟衰退、股市暴跌，再加上燈火管制三重打擊下的市面狀況。而1973年年底（12月30日）《華僑日報》刊登了一篇以「艱苦的一年」為題的「星期論文」，內文形容1973年為「香港社會三十年來空前未有之大變動，特別見諸經濟生活方面」。該文作者李文形容之前的繁榮為「片面的，並非具有下層基礎」；他「憂慮香港總有一天要變為英國，在不知不覺中衰敗下去」；他再而慨嘆「各界首腦，市民代表此時應作自我檢討，我們究竟為市民做過什麼事？」同年5月，《公教報》刊出題目為「通貨膨脹威脅本港」的社論，

9　　之前，4月3日該報也有一篇討論消費者委員會的社論文章。

指出通脹繼續惡化，「可能產生大災難」。

市民的不滿也反映在社會運動——5月初於維園有反加價、反失業集會。正如我在前一部分所提到，七十年代是香港民眾運動快速發展的一個時代。就以1974年為例，全年重要的集體行動和社會衝突除了上述反加價、反失業行動之外，還有政府文員的工業行動、藍田邨一小販因擺賣遭干涉而起爭執，有二千多人包圍屋邨辦事處、測量員請願、長沙灣安置區居民請願、青衣島高灘區木屋居民露宿抗議，反對拆屋、九龍灣居民抗議，反對徙置黃竹坑安置區等。關於反加價、反失業的行動在學生運動圈子裏引起了爭論，將本來已存在的意見分歧更為表面化（所謂的國粹派與社會派之爭）。社會派強調社會批判與改革社會，認為反加價、反失業行動有「反資（本主義）反殖（民主義）」的意義。國粹派則認為學生運動的重點在於提高民族意識，並在不動搖香港社會現狀（這配合當時中國反對美國霸權主義和蘇聯修正主義，以及充份利用香港的考慮）的前提下批判港英殖民地主義。這些學運路線上的分歧與鬥爭，具體表現於如何理解在香港進行「反資反殖」的社會運動。在「反貪污，捉葛柏」之後，反加價、反失業行動是另一次掀起辯論的事件（詳見遠東事務評論社，1982：81－97；香港專上學生聯會，1983：71－124）。在1974至1975年間，香港專上學生聯會周年大會宣言中關於學運總方向的理解（即「放眼世界、認識祖國、改革社會、爭取同學權益」），由「改革社會」改為「關心社會」。這反映出當時在學運積極份子中間，除了對如何認識中國的問題上存在分歧之外，關於如何介入香港社會，在香港進行社會改革亦有

很不一樣的看法。民族主義與「反資反殖」社會改革兩種路線之爭，要到後來中國政局有變（「四人幫」倒台，鄧小平復出及推行經濟改革），才以前者逐漸淡化，後者結合本土社會運動及壓力團體政治的發展（呂大樂，1989），而「自行消亡」。

正當學運領袖還在民族主義與「反資反殖」社會改革兩種路線之間進行辯論之際，一般市民很實在的為現實生活而憂柴憂米，在普及文化中尋找寄託、投射與逃避。「自從物價漲後人消瘦，三餐茶飯惹人愁；日常費用唔多夠，啲酒家起價直情未説原由；房租加到六百難以承受，為因入息有限痛心疾首；……」這是電影《大鄉里》中插曲的歌詞。由譚炳文當主角的「大鄉里」，其故事及人物均來自「無線電視」的節目。該片於1974年年初上畫，票房收入達一百八十多萬元，是該年票房排行第五之港產片。同年又上映《大鄉里八面威風》，亦收一百餘萬元。

這類小人物及諷刺時弊電影，乃1974年港產電影之一大特色。除《大鄉里》系列之外，還有《香港73》、《阿福正傳》（伊雷當男主角）、《太平山下》、《街知巷聞》、《香港屋簷下》、《多咀街》、《乜都得先生》（男主角是鄭少秋）等等。當然，後來論勢頭與票房最強勁者，則是許氏兄弟的《鬼馬雙星》（1974年10月開畫，當年港產片票房榜上排第一，收六百二十多萬元）。《鬼馬雙星》的突破至少有三個方面。一是將電視節目《雙星報喜》的成功元素（包括時間把握準確的引笑位置、許冠文的刻薄形象、許冠傑的流行曲）移植到電影。二是更準確的呈現出七十年代香港人在已

不再是只屬於暫時居住但又有感於人浮於事，不知有無出頭之日的
香港社會裏尋找機會的心態（或如羅卡所寫，是香港人的「浮世哲
學」，見羅卡，1984：62）。如石琪（1999：159）所寫：「《鬼馬
雙星》的轟動一時，並非拍得有何出色，只在於捨棄了怨天尤人、
對現實皮毛問題諸多挖苦的粵語趣劇風潮，轉而爽脆地拍攝香港人
心存僥倖、一意夢想發財的心理，不作道學家之狀。」[10] 三是許冠
文將粵語喜劇電影的眾多元素（如小人物搵食、光棍、發財夢、難
兄難弟、七十二家房客式亂世浮生、冤家鬥氣等，見吳昊，1985）
來一次新的整合，把犬儒主義變得合理化、理性化。

有趣的是，上述這些電影的意念不少來自受歡迎的電視節
目，而當時就發生過一些爭執，例如「無線電視」抗議協利電
影公司開拍《多咀街》，而《香港七十三》（取自電視處境喜劇
《七十三》）、《太平山下》、《街知巷聞》、《香港屋簷下》等
電影其實都是在同一題材、框架下演變出來的不同版本。

與此同時，「無線電視」的「翡翠劇場」播《啼笑姻緣》。該
劇改編自張恨水的作品，其實並非新劇種。但《啼笑姻緣》可以理
解為舊劇種（1974年有《梁天來》、到1975年還有《清宮殘夢》、

10　羅卡（1984：62）的觀察也有補充價值：「《鬼馬雙星》雖然不是上述那種〔指
　　《七十二家房客》〕社會諷刺與煽動人情的喜劇，卻處處瀰漫着一種無政府主義
　　的反叛人生觀，一種對統治者與權勢者（包括政府、警察、皇家賽馬會、黑社會
　　大阿哥）都不信任，都肆意嘲弄的態度。而更重要的，許冠文把握住他所謂的喜
　　劇的『基本』東西，即對人性的精乖、懶惰、自作聰明與及貪婪愚昧等不斷進行
　　挖苦與諷刺。」

《小婦人》）及舊模式（比較貼近話劇）的高潮，代表本地製作
（當然電視劇之外，還有《歡樂今宵》）逐漸能替代外國配音電視
片集，成為觀眾主要的選擇。這到了1976年，便由全新概念的《狂
潮》及以武俠小説為藍本的《書劍恩仇錄》、《陸小鳳》所接力。
而《啼笑姻緣》的主題曲亦如黃霑（1995：164）在〈流行曲與香港
文化〉一文中所指出：「新中有舊。…… 這首詞，依舊沿用『文
白夾雜』的一貫寫法，口語之中，仍有文言的語言習慣，還沒有拋
開粵劇的味道。…… 連演繹者仙杜拉的唱法，也還是有粵曲運腔
咬牙的影子。」但無論如何，這首歌開風氣之先，帶動了當代電視
劇主題曲、粵語流行曲的新發展。

　　不過，在我個人看來，電視時代的來臨及其威力的最好説明，
則是電視新聞現場報道寶生銀行劫匪挾持人質一案。當時電視台以
連續十七小時現場直接轉播，報道案件之發展，全港觀眾能即時知
道現場的情況。1974年5月24至25日，十一人質「生死關頭情勢危
急團結力量發揮神勇全港市民齊喝采」（引自《華僑日報》，1974
年5月26日）。團結一致的是人質；至於在銀行外面等候時機，見有
人質跑出來後仍猶豫不敢內進制伏劫匪的警察，則成為了下半年市
民大眾經常掛在口邊的笑話。

　　在1974年的香港，香港人的歸屬感仍是一大問號。但在本地
足球運動中間，開始形成了一種本土認同。七十年代是香港足球運
動的興盛期。1973至1974年的一季——論入場球迷人數，應是1968
年以來的高峰期——全年入場觀看甲組足球賽事達一百一十多萬人

次，平均每場入場球迷有六千多人。而總督盃比賽就更為矚目，平均每場有一萬三千多球迷現場觀看。[11] 1973年是香港代表隊第一次參與國際足協的世界盃比賽（更準確的說，是1974年那一屆的世界盃外圍賽）的年份。[12] 當時港隊往南韓漢城參賽，曾先後擊敗馬來西亞、日本、越南，以小組第一名出線。但後來負南韓一比三，雖然緣盡世界盃，但卻令本地球迷開始意識到香港代表隊逐漸抬頭。

據聞香港代表隊這個身份源於五十年代期間派隊參與在菲律賓舉行的亞洲盃賽事。當時有中華民國代表隊參賽，球隊基本上是由香港足球員所組成。當時入選中華民國代表隊者，多屬較有名氣的球員，而香港代表隊則主要由年青新秀所組成。簡而言之，中華民國代表是A隊，香港代表則是B隊。而由香港球員所組成的中華民國代表隊，在五十年代的亞運和六十年代初的默迪卡國際邀請賽上屢創佳績。這個情況一直維持至七十年代初期，隨着中國大陸重回國際政治舞台及加入聯合國，以至令台灣在當時的國際政治環境中地位有所變化，香港球員以中華民國代表的身份出外比賽的安排，也就靜悄悄地消失了。[13] 從此以後，年青一代的本地新秀（如胡國雄、郭家明、朱國權、曾廷輝等）都是以香港代表身份參與國際賽。

11　統計數據引自McKinley（2002）。

12　當時港隊參賽並非積極主動而成事，反之據說是因為國際足球協會所規定，假如香港不派隊參賽，便可能失去會員資格。

13　鍾逸傑（2004：81－99）在他的回憶錄中，有提到香港在協助中國申請成為國際足球協會及亞洲足球協會會員的過程的角色。這對我們了解足球運動背後的國際政治及其對香港的影響，頗有參考價值。

當然，基於各種原因，在七十年代中之前，香港代表隊仍然給球迷一種B隊的感覺。每年有外隊訪港，都是以「港聯」（通常包括外援）或「華聯」（即是全隊由華人球員所組成，其中可能包括中華民國代表如張子岱，也可以包括其他華人球員如大馬國腳仇志強、古廉權等）作為主力迎戰。至於香港代表隊的那一場，則多為「夜波」（晚間進行的比賽），地位與重要性均次於主力的「港聯」或「華聯」。在1975年之前，香港代表隊地位尷尬。

1975年亞洲盃比賽中香港代表隊主場對北韓。當年這場國際賽沒有電視現場轉播，球迷都只能通過收音機廣播來收聽有關比賽進展和結果。由於在法定時間內兩隊打和，於是須以十二碼球來決定勝負。當晚互射十二碼的過程，成為了不少（特別是公共屋邨的）球迷的集體回憶，同時也可能是大眾為香港代表隊打氣的一個開始。至於1977年香港代表隊在世界盃外圍賽力壓新加坡而晉級次圈比賽，當時本地電視台於「黃金時段」從新加坡現場直接轉播，也轟動一時。由B隊變身成為香港代表，並且能團結球迷及市民大眾，香港足球代表隊在七十年代的香港社會找到一個位置。

我認為1974年的重要性在於戰後香港本地文化的原型在不同方面都有了一個開始，甚至已初見其輪廓。[14] 在1974年，香港未有

14　有關1974年的事情多的是，非在這篇短文所能全面討論。例如，香港皇家賽馬會開設場外投注站、1974至1975年間香港紅十字會將捐血人士的年齡限制降至十六歲，該年度學生佔總捐血人士的32%、《中國學生周報》於該年7月停刊、9月政府實施分級制水等。

「麥理浩時代」這話語。但在不久的將來,香港社會的方方面面,
都換上了新貌。

民意轉向

七十年代香港社會的氣氛之所以到後來會完全扭轉過來,原因
眾多,但我認為當時殖民地政府與本地社會的關係的轉變,至為重
要。社會氣氛之所以出現突轉,一是因為殖民地政府在面對來自民
間壓力的情況下,進行了各種改革(關於政府部門改組的麥堅時顧
問報告、成立廉政公署、推行「十年建屋計劃」、實行九年免費教
育等)。雖然這些改革並非即時見效(甚至並非完全成功,如「十
年建屋計劃」的「自動消失」),但在(特別是石油危機以後)經
濟發展穩步向上,年青一代有更多個人事業發展機會的情況下,香
港市民逐漸覺得這是一個有行政效率、能推動經濟發展、有能力解
決貪污等社會問題的殖民地政府(但種種新政背後的殖民政治,詳
見第七章的討論)。[15]

二是因為市民通過參與社會抗爭而開始重新理解自己與殖民地
政府的關係。長期以來,社會上下(由知識份子到一般市民),大多
數人均抱着「互為不存在」的態度來看待政府與民間的關係(雷競
旋,1987:8)。自七十年代初陸陸續續出現的各種社會抗爭行動,

---

15 強調「政治輸出」的政治文化,要到七十年代才顯得有意思。關於香港人面對政
   治的態度,見雷競旋(1987:12−16);Leung(1986);King(1981)。

雖然沒有明確的意識形態取向（或者學生運動除外），更談不上要
否定殖民地政府的認受性，但它們多少都帶着對殖民地管治不同程
度的懷疑、保留，甚至是不信任。在那個時期，不少來自不同界別
而有參與社會抗爭行動的民間團體之所以經常會以聯席（即聯合行
動）的形式合作，多少是因為它們都傾向於視殖民地政府為「共同
敵人」，有着一種身在建制之外當反對派的身份（呂大樂，1989）。
所以，各種民間團體所組織的行動原先多為保護或爭取權益、挑戰
殖民地政府權威的抗爭行動，到後來卻產生了一種非意圖的效果
──在爭取權益的過程中，往往有意或無意之間動員了群眾以香港
公民的位置和身份向殖民政府施壓，希望爭取到政府政策的修訂或
改變（Lui and Chiu, 1999: 110-111）。這也就是說，在抗爭的過程之
中，參與行動的市民和團體不但不再與殖民政府「互為不存在」，
反而逐漸以肯定自己應有某些公民的權利，而重新界定了市民與政
府的關係。當時殖民地政府又意識到六十年代中期兩次騷動對它
管治的認受性所帶來的衝擊，開始更主動的進行自我改革和更新
時，市民與政府之間產生了一種新的互動（至於其他政治元素，參
考第七章的討論）。市民未必接受所謂「諮詢式民主」之類的官方
論述，而對於殖民地政府的利益考慮及其管治的封閉性更是心中有
數。但話又得說回來，政策及管治手法的轉變又的確令市民開始相
信他們的聲音和行動，並不一定都是徒勞無功。[16]本來是對殖民地

---

16 當然，殖民地政府逐漸以更溫和的手法來處理民間的反對聲音和行動，中間是
有一個過程的。初時殖民地政府經常以強硬的方式來鎮壓民間抗爭。有關的討
論，參考遠東事務評論社（1982）；香港專上學生聯會（1983）；呂大樂、龔啟聖
（1985）；Leung and Chiu（1991）所提及的文獻。

管治進行批判及提出反對意見的利益團體和壓力團體，卻成為了鼓動群眾向殖民地政府提出要求，肯定介入和參與社會的一股力量。現在事後看來，這一種來自民間的自發力量，可能遠較由殖民地政府發動的什麼「香港節」、「清潔香港」等由上而下的大型運動，更能培養市民參與社會和敢於提出要求的意識。

與此同時，七十年代的香港經濟正處於上升的軌道，「石油危機」和股災所引起的波動，很快便成為過去；1978年中國內地開始進行經濟開放改革，又給香港提供了提高經濟增長的新元素。在經濟好景、社會大眾的生活條件得到改善的形勢下，各種在七十年代初為人詬病的社會問題，都在這樣的大環境裏變得好像只是過渡性質——事情是有可能變好的（呂大樂、王志錚，2003：33－48）。當然，正如我在前文所強調，將七十年代形容為民情轉向的時期，並不意味這個過程並不曲折。事實上，整個七十年代香港社會的發展軌跡是頗為出人意料的。我在上一段已說過，本來是集結反對意見的民間抗爭，卻令市民與政府的關係由「互為不存在」轉為互動——市民開始對殖民地政府有所期望，覺得自己有權提出一些要求，而殖民地政府也不再甘於被動，開始主動組織運動、開動其輿論機器，要教育市民（由不要亂拋垃圾到家庭計劃 進行節育，遵守交通規則到鄰舍互助）。在這個政府與社會的關係的轉變過程之中，舊時從站在殖民地制度的邊緣位置來看香港社會和尋找思想出路的一套，很快便給一種新的、香港本位的視野所取代了。舉一個例子，七十年代初一股由學生運動所推動的認識中國的潮流，曾經在青年學生的圈子裏引起共鳴，為他們提供了尋求思想出路、尋找

身份的途徑。但到了七十代中期，由大眾傳媒（特別是電視的普及化）所帶動的本地化的普及文化逐漸成為了文化的主流（呂大樂，1983；吳俊雄、張志偉，2001；Ma, 1999），過去對殖民地的抗拒和在尋找個人身份時那份迷茫，甚至在學生運動的圈子裏也開始淡忘了。在七十年代初仍有不少香港青年學生要尋根，為身份認同的問題而苦惱；但到了七十年代後期，香港市民都變得十分本位取向——面對新一浪由內地來港的移民的時候，非常自覺要保持距離，並要求自保。[17] 七十年代是香港社會發展本地文化和本地意識的重要時期。雖然，各種種下後來所出現的轉變的種子早在六十年代中期已經佈下，但論成型，則見諸七十年代的轉變。

在主觀感覺上，七十年代的香港社會「自成一體」，以為已經發展出一個本地的政治議程（至於背後的殖民政治，見第七章的討論）。[18] 到了七十年代中後期，本地政治已經擺脫了舊有在香港延續國共之爭的框框，[19] 左右派的意識形態分歧已逐漸與現實社會中的矛盾與裂縫脫節，新的政治訴求都建立在具體的、生活上的利益與衝突之上，而能夠集結民間的訴求，並將其轉化為集體行動者，是新興的利益團體和壓力團體。抗爭行動的對象是殖民地政府，而市民開始相信自己的聲音和行動，是有可能爭取到其他人的同情和

---

17 呂大樂（1997：108－112）；蕭鳳霞（2001：686－687）；Faure（1997: 112）；
    也參考Baker（1983）。比對六十年代港人對待內地難民或移民的態度，其轉變更
    為顯著。

18 Scott（1989）所用的字眼是 "autonomous Hong Kong"，另參考呂大樂（1997）；
    Faure（1997: 111）。

19 論 "Chinese politics on Hong Kong soil"，見Lee（1998）。

支持，並發動輿論攻勢向政府施加壓力。雖然於當時香港到1997年
後政治命運如何，依然是未知之數，在某程度上，香港仍然未完全
擺脫「借來的地方，借來的時間」的束縛，但愈來愈多港人認為香
港可以有一條相對地自主的發展路徑，可以通過市民與政府的互動
而推動香港社會走上自我完善的道路。後來中英雙方開始討論香港
的政治前途，港人有如從夢中驚醒過來一樣，赫然發現原來這一
條想像為相對地自主的發展路徑，基本上還是受制於更大的政治
環境。

代結語

1974年之後是1975年。社會議論團體「香港觀察社」於1975年
成立。同年同月，佳藝電視啟播，本地電視媒體發展至一個新的高
峰期。同年較早時，丹麥貨輪「馬士基號」載三千多名越南難民來
港。1976至1980年間，有數十萬內地移民湧入香港，出現有關新移
民（俗稱「阿燦」）的定型和討論。本地意識的另一面是自保與排
他。到1980年港英政府取消「抵壘政策」，香港社會對本地人口有
了一個新觀念。

作為戰後第一代香港小康之家的私人大型屋邨代表的美孚新
邨，1966年開始興建，1975年各期全部完成。而代表新一代中產
階級的私人大型屋邨太古城，則於1975年動工（吳昊，2003a：
108）。表達一種城邦視野和文化的《號外》雜誌於1976年創刊。
1976年年底馬會推出「六合彩」後不久，字花賭博差不多全面於市

面消失。1977年春節回鄉人潮達二十萬,反映一片回鄉熱潮。同年10月,發生廉警衝突,政府頒佈特赦,從此徹底改變警隊貪污問題。1978年「居者有其屋」計劃首期俊民苑正式動工;本地電視台之間出現挖角潮;嚴浩拍電影《茄哩啡》,電影刊物《大特寫》以「香港電影新浪潮」名之。[20]

1982年英國首相戴卓爾夫人訪華,在人民大會堂前跌倒。原來1997這個年份是玩認真的。中英雙方同意通過外交途徑解決香港問題。九七回歸正式成為了支配各種重大轉變的一個框框。

在1968至1982年間,(至少在民眾的觀感上)香港社會「自成一體」,正在制定一套新的社會議程。

至於1974,則只是一個年份而已。

20　有關香港電影新浪潮,可參考卓伯棠(2003)。

第二部分

殖民地的生活經驗

七十年代中環眾多英式大樓之中，以郵政總局最具氣派。但這卻未能幫助它逃過拆卸的命運。舊日城市的面貌急速轉變的同時，整個城市也似乎在重新編寫歷史和塑造它的性格。（詳見本書第三章）（照片提供：高添強）

在殖民地制度下，英國人與一般華人之間存在明顯的社會距離，像香港會會所這類場所，給市民大眾一種高不可攀的感覺。面對香港會會所拆卸重建的議題，當時有評論道：「以建築藝術角度看，該建築物或有其價值，但論政治因素，則該座大樓應盡快消失，而且愈早愈好。」（詳見本書第三章）（照片提供：高添強）

七十年代尖沙嘴火車站的拆卸雖有過爭論，甚至出現過有組織的保護行動，但始終說不上是廣泛的民間動員或建制內外政治議論與行動的焦點。（詳見本書第三章）（照片來源：《建人建智——圖說香港歷史建築》〔香港：中華書局〕）

香港球壇名人必得利編輯的《香港足球歷史記念冊》，有兩張圖片記錄了流浪足球隊1972年到中國大陸訪問及進行友誼賽的情況。（詳見本書第四章）（照片來源：《香港足球歷史記念冊》）

海運大廈開幕，改變了本地的消費文化，標誌香港「商場化」的來臨，並很快成為香港社會漸趨富庶的標誌。（詳見本書第五章）（照片提供：高添強）

「清潔香港運動」的特點，並不只是宣傳與教育的工作，而是殖民政府自覺有需要走進社區，以社區參與的方式來進行動員。（詳見本書第六章）（照片來源：《1972年香港年報》）

對殖民政府而言，「撲滅暴力罪行運動」是在民眾之中建立對政府的信心的重要工程。
要做到這個效果，殖民政府決定進入社區。（詳見本書第六章）（照片提供：高添強）

第二章

殖民冷經驗[1]

情況似乎是這樣：對於香港的文化、文物、建築，年青一輩顯然比較我所屬的一代人更有感情。

對此我是感到好奇的。但這不表示我會懷疑他們那份感情與熱誠；對文化、文物的感情，基本上沒有必要跟個人的年齡成正比例。我甚至認為，這不是年齡的問題，而是不同的生命歷程所產生不一樣的人生經歷的結果。

舉一個例子，對於保育景賢里一事，我便自問很難對該建築物講出一些什麼感覺，更遑論記憶、感情。對於景賢里，我只有一

1　本文之部分內容，原為筆者於「本土論述研討會2009」會上宣讀的講稿，後修改為〈香港殖民生活的「冷經驗」〉，刊於王慧麟等編：《本土論述2009：香港的市民抗爭與殖民地秩序》（台北：漫遊者文化，2009）。現重新修改及增訂而成。呂青湖協助搜集及整理檔案資料，特此感謝。

些印象，依稀記得在中學時期偶有乘坐公共汽車經過它的大門，瞬間一瞥，只覺重門深鎖，估計是富貴人家的大宅。所謂印象，就僅此而已。當聽到提出要保育景賢里的要求時，雖然明白那些主張保護文化文物的社會人士那份焦急與期望，但在我個人方面則沒有共鳴，難以投入。上述情況並不限於景賢里這個個案。現時偶然聽到一些有關文化文物保育的意見或建議，都會感到與倡議者之間存在一定的距離。

殖民統治下的疏離感

而我相信，我有這樣的感覺並非一個特殊例子。身邊的朋友間中也會表達一些類似的意見，只是很奇怪的，這種略有保留的態度，一直沒有機會在公眾空間裏受到注意，成為議程的一部分。在公眾空間裏所進行的激烈辯論，很快便將社會上的意見歸納為正反兩大陣營，而中間那種模稜兩可的態度很快便被看為無所謂、沒有看法或無意見，而沒進一步深究。可以想像，這一種模稜兩可的態度並不會在爭議中引人注意；在兩種主張對峙的情況下，這種沒有強烈反應的態度甚至很容易被誤解為冷感或不關心。

但其實在沒有強烈反應背後的那種模稜兩可的態度，很大程度上是某種殖民經驗的表現。它既是殖民統治所帶來的後果，同時也是當時在那政治、經濟、文化環境下生活的被殖民者對殖民制度的回應。可以這樣說，這種模稜兩可，對殖民文化文物沒有強烈反應的態度，反映出當時殖民政府在建立統治霸權時，並未有徹底地

令被殖民者完完全全歸順，[2]在政治及文化控制上存在一些裂縫，給後者可以跟建制保持一定距離的空間，沒有真正融入殖民制度裏面。上述的那種態度是在殖民霸權的裂縫中衍生出來的，面對着殖民政府時，它表現為陽奉陰違；在日常生活裏則表現為與建制的低度接觸。它是一種消極的抵抗。[3]

近期不少有關殖民時代香港社會的研究，均強調殖民者與華人社會（尤其是那些為殖民政府服務，而從中取得好處的一群）之

2　當然這是一個程度上的問題，而不是一種有或無的狀態。上世紀八十年代初赴英留學，曾遇過一些來自印度、斯里蘭卡的同學，他們兒時曾收集英國皇室的照片，對英國文化尤其嚮往。他們的情況可能是個別例子，也許跟其中產階級家庭背景有關。但無論如何，這提醒我殖民者與被殖民者的關係，並不一定如我們在香港的經驗。在我成長的過程中，於同學（包括後來在大學認識的同學）或鄰居的生活圈子裏面，就從來沒有聽聞有人有這樣的興趣。而剛到牛津唸研究院時，其中一大文化震盪，是發覺自己原來的日常生活是如何不受英國文化的影響，對於英國的精英文化更差不多是一無所知。當時對英國（至少是英格蘭）文化那種陌生的程度，令我細想如果在香港有殖民地的社教化這回事，它跟一般市民——或者上一輩而且擁有文化資本的少數會是例外——只是擦肩而過，沒有什麼相干。當我在七十年代中後期考上香港大學時，曾經聽過一些同學以「小英國人」作為標籤，來批評一些自以為高高在上的、以講英文來突出自己身份的大學生。或者在五六十年代，這一類指摘會反映出當時本地精英份子跟殖民文化的關係，但到我當大學生的年代，這個標籤早已變得空洞了。

3　同樣值得反思的是，我對英國殖民統治的看法，也沒有身邊一些馬來西亞的朋友般愛恨分明。在那些朋友眼中，殖民統治的壓迫性十分明顯，而且貼近日常生活。他們經常提醒，不要將香港看待為代表英式殖民統治的樣本。香港是一個沒有天然資源的殖民地，它的主要功能在於作為一個貿易的港口及英國進一步在區內擴展勢力的中途站，於是未有出現宗主國及其底下的商業利益需要徵用大量勞工，強迫或半強迫的要本地人口為它們提供勞動力的情況。殖民統治有不同形式，而甚至是同一個國家的殖民統治，在不同殖民地亦可以採取截然不同的統治形式(Steinmetz, 2008)。這是一個關於殖民主義的政治經濟學的問題。

間的協力關係。[4]儘管殖民主義是一種壓迫被殖民的民眾的制度，但在殖民者與被殖民者之間也可以存在着利益交換關係。當然，並不是每一個階級均可以取得相同的利益：買辦與一般市民大眾之間的差異肯定是十分明顯的。但同樣可以肯定的是，在殖民制度——至少以香港的經驗而言——底下，也不見得就只有壓迫的一面。殖民者與被殖民者之間關係微妙。不過，話又得說回來，對一般民眾來說，他們對殖民政府的態度也是頗為複雜的。他們在殖民地生活，或可免於中國內地動盪的政治環境對個人所帶來的種種影響（Hoadley, 1970），讓他們在並不平等的制度底下仍可支配自己的命運。[5]可是，殖民制度中的種種細節，又確實經常令被殖民者感到渾身不舒服。[6]

4　Carroll（2005）主要討論殖民政府與華人資產階級之間的協作，而羅永生（2007：8）則嘗試將這種協作關係進一步擴展至香港的歷史位置的討論：「在它一百多年的歷史當中，香港都是糾纏在帝國的、國族的、意識形態上的各種深謀遠慮的大計之中，這些謀略都有着別具用心的時空座標，『香港』就好像永遠都在承擔着，某些未必可以告人的『偉大而秘密』的任務。」

5　對這種自己能夠支配個人命運的感覺和幸福感的觀察，學術研究可參考Rosen（1976）；而個人經歷方面，則很值得細讀方盈（2009：102－106）以「幸福的元素」為題，寫她於大躍進時期在大陸生活的經驗，對比在香港自由地生活的感覺的感草。

6　現在偶有機會跟年青學生談到在港英殖民環境裏成長的經驗，他們總是很難明白那究竟是什麼一回事。他們在九七前後的香港社會裏長大，看到的是另一個香港。英國——作為政治實體或者是一個概念——不是他們生活的一部分。這跟我們需要牢記一英鎊可轉換多少仙令、便士的一輩，以便應付公開考試數學題的一代人（呂大樂，2007：9），自然有着很不同的經驗和主觀感受。我們過去討論殖民主義，很少深究它以哪種形態來影響民眾的生活，或如何在日常生活之中呈現出來，顯然是有所不足。而香港人對這些問題沒有強烈的反應，興趣不大，多多少少亦說明了香港的殖民經驗的特點。

　　曾幾何時，在很多華人眼中，英國人高高在上。在六七十年代民間普遍流行一種說法，就是一些在英國老家不怎樣的外籍人士，來到香港亦可以當上一官半職，或在洋行做可以話事的。現實是否如此，暫且不必深究。作為在民間廣泛流傳的一種想法，這已足以說明華人對殖民地及殖民者的主觀感受。所謂香港乃華洋共處之地，其實沒有清楚說明殖民者與被殖民者存在着一種怎樣的關係。而滲透於日常生活中不同環節的，由學校課程（如學習語文的安排、對中史課的「小心處理」等）到平日跟政府的接觸（如七十年代中期以前，到公共屋邨的辦事處交租，也會有一種踏足衙門的感覺，而當年好些初級公務員接待市民的態度，亦令人很不舒服），都經常會提醒民眾，香港是一處殖民地。[7] 而我相信，這是在殖民地生活的經驗的特點之一：一份疏離感。

　　究竟這份疏離感對香港社會和香港人造成了一些什麼影響，是

7　有趣的是，連港英政府本身也察覺這是一個問題。港英政府在1967年暴動後自覺要反擊顛覆破壞活動，於是在1969年草擬了一份題為 "The Government in Hong Kong: Basic Policies and Methods" 的內部文件（HKRS 742-15-22），分析形勢之餘，亦提出一些針對性的政策。其中一點關乎「面對公眾的態度」，指出公務員必須經常記掛：「(1) 所有員工在接觸公眾時，必須抱着正面及合作的態度。對那些漠不關心或平庸的公務員而言，他們很容易會被誘去說『不』，因為這種負面的做法，似乎更為安全。他們的目標應該是盡量滿足合理的要求；(2) 對公眾無禮（在這方面，低級僱員尤其容易惹人反感）的情況必須明確消除。公眾對政府的看法很多時候都是建立在他們跟低級公務員的接觸上；雖然基於實際考慮而不可能給予中文成為法定語文，跟英文擁有相同的地位，但當情況合適時，應盡最大努力在日常事務及諮詢過程之中使用中文。沒有人會因他不懂英文，而令他在接觸政府部門時感到吃虧；(3) 部門負責人有個人責任確保投入足夠力量，宣傳推廣部門的工作，這既為爭取公眾的支持，亦為了解受其計劃影響的個人及一般公眾的想法。」

很值得深入研究的問題。表面上，疏離感一詞似乎帶着一種負面的意思，暗示香港人跟身處的社會保持距離，不夠投入。我們甚至不時將這份疏離感等同於市民缺乏歸屬感。但假如細心留意其內容，則不難發覺兩者雖然互為影響，然而卻並非完全是同一回事。歸屬感所指的是市民跟所屬社區、身處的社會的關係、認同與感受。而這裏所講的疏離感，是關於一種心理上的距離和抽離於眼前事物的一種狀態。那是一種不會輕易接受、被說服、支持某種主張的態度；凡事留有一手，保持一種距離。從某一個角度來看，這似乎附帶着一份冷漠。不過，假如我們轉換以另一個角度來看，則可能發現這份疏離感，給予香港人某種文化上的空間與活力：他們既不會完全擁抱或服從英國人的統治與文化，同時又會以另一個角度來看中國。在香港生活的一種特殊經驗，是社會的大環境無時無刻都會提醒我們，中國作為一個歷史文化觀念，有別於作為政權的概念。兩者之間不單不能畫上一個等號，同時在如何理解的問題上，也不存在一種完全一致的看法。這樣的社會文化環境，為香港社會發展出一種屬於它的獨特文化，提供了社會條件。在較多滲入商業元素和較少受到傳統文化所束縛的香港普及文化，似乎特別善於利用這種空間與活力，發展出港式文化。[8]

第三類選擇

生活在殖民地制度底下的那份疏離感，並不限於跟港英殖民建

8　對港式文化及港式文化研究的討論，見吳俊雄等〔2006〕。

制的距離。但以下的討論先從這種社會距離講起。

上面所提到市民的消極抵抗，跟這份疏離感是有關聯的。必須說明，這並不等於說他們無時無刻不想顛覆殖民制度。在香港作為殖民地的百多年歷史中，當然存在反殖民地的情緒，但反殖民地作為一項捲入廣大民眾的政治工程——包括有組織地進行政治顛覆，宣揚針對殖民主義的國族主義思想，嘗試推翻殖民政府，並有打算通過解放殖民地而另立新的政權——基本上從來不是政治現實的一部分。[9]在香港實踐民族主義，最終出路似乎是回國服務（或應說是參與一個以中國為主體的政治計劃），而不是在此「借來的地方」跟殖民政府進行你死我活的政治鬥爭。[10]在沒有一個以推翻殖民政

9　不過，港英殖民政府相信在港的親共及共黨人士均有挑戰及打擊政府管治的打算，以至當局對此小心翼翼，有所提防。如前面註7所引用的政府檔案 "The Government in Hong Kong: Basic Policies and Methods"，其背景乃抵禦顛覆：「本信件所附上之文件的目的，在於強調我們〔即港英政府〕目前處境的基本實力，而希望能鼓勵各部門充份發揮這股力量，這不單只因為政府的正常運作需要進取地施政及進行規劃，同時是因為這樣做，我們將可以令共黨人士無機可乘，以其陰險的手段來做到他們憑壓力和暴力而無法得呈的的事情。」（HKRS 742-15-22: "Countering Subversion — Government Policies", 1969）而在1970年政治部亦就共黨在新界地區的部署及勢力擴張作出評估（文中提示，之前在1968年已有過一份評估報告），見HKRS 742-13-6："Expansion of Communist Influence in the New Territories", 1970。

10　蔡榮芳（2001：284）在分析香港於1841至1945年間歷史發展時，提出了「兩個認同混合」的見解：「歷史顯示，港人認同香港，支持或默認英國的殖民統治，利用其統治對外爭取權益、依賴其保護。但是，另一方面，港英政府的民族歧視殖民政策，也引起港人的不滿，促成港人產生認同中國的民族主義國家意識。然而，香港意識往往制約港人的中國民族主義意識。港人既然認同英國殖民體制下之香港，亦認同中國；兩個認同混合，而形成『與外國強權協力的民族主義』；這是一個矛盾的現象。」

權為目標的政治工程的情況下，抗拒殖民地的情緒便主要表現為跟殖民體制核心保持距離。

在上世紀七十年代中期以前（大致上可以「四人幫」倒台為分界），於香港社會的主流制度以外，存在親中共及親國民黨的兩大陣營。它們的存在，直接及間接地為民眾跟殖民體制保持距離提供了社會空間和物質基礎。直接是指它們是殖民統治下自成一體的社會系統，讓不少人可以在殖民體制以外，選擇另一種方式生活；間接是指它也刺激了一個獨立於國共政治的民間社會系統的形成。

上述兩大政治陣營長期在港有高度組織化的活動，一直以來都是國共之間的政治鬥爭的伸延。它們各自形成一個體系，很大程度上自給自足（由個別學校到整個升學系統、個別企業到整個就業系統、出版文化刊物、舉辦文化藝術活動到成立足球隊及其他體育運動隊伍等），曾經有過一段時期足以令參與其中的人士沒有需要跟主流的社會制度扯上密切的關係，亦可以在這個微型世界中過着跟其他人沒有太不一樣的（撇開政治內容）生活。那兩大陣營雖未至於完全與殖民地制度無涉，但它們確實可以讓那些參與其中的人，保持着相當程度的自主性（或者也就是這個原因，他們可以堅持其政治信念，長期擁抱一種意識形態），投入於自選的生活世界之中。[11]

11　關於所謂左派學校的情況，可參考Lau（2011）。

同時，這兩大陣營在香港活動各有其政治任務，要爭取群眾支持，進行統戰。這個兩陣對峙的狀態，給香港社會帶來了一個頗為活躍的（意見經常不一致的）文化空間，各自開拓地盤，嘗試拉攏支持者或團結可以爭取的群眾。這樣的政治拉攏、統戰活動，不單有着多方面和多層次的活動（以至差不多任何一個可以接觸群眾的範圍、界別，都不會輕易放過），而且你爭我奪，造成每一環節都存在對立的組織、機構、活動，各自宣傳己方的一套思想、價值。那時候，差不多在日常生活中的每一個環節裏，都存在兩種截然不同的理解事物的框框，各自解讀社會生活中的現實。[12]

殖民政府似乎亦樂於見到這個微妙的政治狀態，讓兩股政治力量互相牽制，不至於出現一方面獨大的現象。[13] 更有趣的是，當時很多人因為以前經歷過內戰及1949年前後各種政治動亂，而不想自己的生活再次受到國共政治鬥爭所牽連，所以自覺與這兩大陣營

---

12 我傾向於認為，這對推動香港人思想活潑，不受當時國共兩大陣營各自推動的意識形態所支配，有着密切的關係。當時在媒體上，我們有機會接觸到一些冷嘲熱諷的社會時事評論，是一種很特別的政治議論風格。而在好些隱於鬧市的「樓上書店」，可以讀到、買到大陸及台灣所不容的書籍。對於理解中國的歷史、文化、政治、社會問題、意識形態等等，香港身處狹縫之中，但又另有一番見解。更有趣的是，當時的（在國共陣營以外的）香港人可以毋須緊貼最新政治形勢，沒有必要事事「政治正確」一番。在香港，常見的情況是要「政治不正確」才有市場。

13 港英政府互相制衡的政治手段，明顯地表現於它在不同時期對國共在港的政治活動的回應，可參考余繩武、劉蜀永（1995：162－200）。而港英方面的想法，葛量洪在他的回憶錄中有所提及（Grantham, 2012: 139）。

保持距離（在這個意義上，儘管殖民體制令人難以投入，但它又的確是在國共陣營以外的一種選擇。六七暴動之後，再加上經濟起飛，在體制內尋求個人發展的機會增加，這就更強化了市民對進入這個制度的取向），因此那些以中立或獨立自居的，不依附於國共其中一方的「第三類選擇」有一定的「市場」，並憑着這樣的定位而得到支持。而後來從七十年代中期開始，一般市民大眾所指為「本地的」，很大程度上是指這些有別於國共兩大陣營的「第三類選擇」。[14] 當「第三類選擇」逐漸壯大，同時如前面所提及經濟快速的發展起來，一般家庭的生活有所改善，再加上後來殖民政府亦改變施政，回應社會訴求，在殖民地生活的感受隨而發生了變化。正如我在第一章（〈無關痛癢的1974〉）所指出，在主觀感受層面上，香港人在七十年代中開始改變他們對香港社會、港英殖民統治的看法。他們並非擁抱殖民地制度，但開始覺得由它來支配的社會主流，可以接受，甚至認為自己及家人能夠從中找到機會（呂大樂、王志錚，2003）。在這個民情轉向的過程中，由國共兩大陣營各自建構的自給自足生活世界，逐漸被邊緣化。殖民體制漸漸成為

---

14 當時的公務員工會、基督教工業委員會、教協等工會組織及其組織的行動，便被視為獨立的工會運動，有別於親北京及親台灣的工運系統。這些獨立的工會的最重要特點，在於不以北京或台灣的政治、外交考慮（例如前者對三分世界的國際政治形勢分析及對香港所採取的「愛國反霸」路線，影響到它旗下的工會以哪種態度與手段跟港英政府進行鬥爭）為出發點，正面回應本地民眾的訴求。例如馮煒文當基督教工業委員會主任後，提出「站在工人一邊」的立場，通過工會教育，介入社會議題，保障勞工權益，並提高工人的社會意識。而「以教會名義進行工運是比較中立，因為工運常被賦予『左派』或『右派』，當時未有中立工會，所以以教會名義能有中立的效果」（湯泳詩，2007：56）。

社會主流，而民眾那種疏離的感覺隨之而慢慢起了變化。[15]

我想指出的是，對殖民體制在政治、文化上的疏離，並沒有成為本地華人社會發展的絆腳石。國共陣營與「第三類選擇」之間的互動，形成了一種自由、沒有拘束、經常出現相反意見的社會文化環境。這本來只是殖民政府用以平衡國共勢力的政治手段，卻有意無意中促成了一個香港特色的民間社會。這樣說並非全面否定殖民體制本身的正面作用（例如法治的確立）；作為一種社會制度，它給市民提供了一個生活的框架——一套不一定公平和合理的遊戲規則，但卻是有穩定的規則可依，並且在沒有需要被捲入政治鬥爭的情況下，能夠從中找到改善生活的方法。一般市民是在這樣的社會環境裏找到支配自己命運的可能性，並開始視香港為安身之地。

隨後所發生的，已成為歷史。

今天，我們事後對港英殖民統治的態度與評價，會加入了很多

---

15 社會主流的形成並非只是意識形態的作用，而是有其物質基礎。舉一個例子，學歷認可對形成主流的教育渠道有相當明顯的作用。在主流的教育渠道逐步形成，並且成為了民眾爭取社會流動的主要機制時（當然也包括了一般人逐漸嚮往政府、洋行等僱傭機構所能提供的穩定就業環境），堅持處身於主流以外（例如就讀不參與中學會考的學校），便要付出重大的代價。從另一個角度來看，要維持在另類社會系統裏生活，成本上升。到了七十年代後期，親北京的系統因「四人幫」倒台及開放改革的開始而大幅度調整，跟主流加強接觸，甚至參與其中。至於親台灣的系統，早在中國加入聯合國後便要面對力量此消彼長的挑戰，而當海外統戰工作的重要性減低的時候，香港的策略性位置亦隨之而調整。

七十年代中期之後才出現的元素（另見第一章的討論），也因此而
對它有另一番想像。

　　我在這裏想指出的是，對曾經在七十年代中期以前的殖民香
港生活過的港人來說，殖民經驗是一種疏離的感覺。如果老房子能
夠勾起一些回憶，那主要是殖民時代的民間生活，而不是與殖民制
度的接觸。殖民只是歷史背景，是那個時代的年份。那個殖民主義
的環境的最大特點，就是它容許大多數港人與殖民制度保持一種距
離，將精神與時間都放在私人的生活與活動空間之上，為自己尋找
出路。當時他們對殖民制度最為正面的評價，可能就在於它沒有令
個人遇上很多不必要的阻礙，部分人甚至因為能夠掌握到殖民制度
的遊戲規則，而從中取得一定的好處。

　　我相信，曾經有過一個相當長的時期，港人就是抱着這種疏離
的態度在殖民社會生活。

第三章

當時間還未有變成歷史：維多利亞城的消失與殖民經驗[1]

我曾經對中環有這樣的記憶

在成長的過程中，我一直對中環這處地方有着一種很強烈的感覺。那種感覺不關乎一個喜歡還是不喜歡的問題（畢竟當年一般人視長大後能夠有機會到中環上班，當個「白領」，是相當理想的「歸宿」），而是覺得它真的是香港社會、經濟的中心。每有機會到中環一遊，心情總是特別興奮。時至今日，我仍可清楚記得，乘坐電車或十號巴士由北角到中環車程上窗外景物的細節。

那時候，我們還未有金鐘（作為一個地區）的概念。電車離開灣仔再往西走，會經過那彎彎曲曲的所謂「死亡彎角」的一段路，左右兩旁分別是英軍兵房和海軍船塢，沿途少有見到路人，只知在

1　本文原為於第二屆「香港文化與社會」研討會上的講稿，經修改後以現有的題目於馬傑偉、吳俊雄、呂大樂合編的《香港文化政治》（香港：香港大學出版社，2009）上發表。在此感謝香港大學出版社同意本文以此版本重印。在資料搜集方面，得姚偉雄、李靄治的協助；而在經費上則獲香港中文大學社會系的支持。特此感謝。

營內深處，駐有英軍。每次看見美利樓，例必談論跟它有關的鬼怪傳說。而在那些繪形繪聲的鬼故事還未講完之前，木球會的場地已在右前方的視線範圍內出現。那是我兒時最感好奇的事情：為什麼一些洋人可以享用這樣好好的一塊青草地（香港各大小公園的草地均禁止踐踏）？究竟他們在玩哪一門的玩意（對一般市民而言，木球是完全陌生的體育運動）？中環的地皮不是很寶貴的嗎？為什麼場地裏面好像從來不見華人的蹤影？至於位於木球會與紀念碑之間的香港會，就更加神祕，從來沒有從身邊的親戚朋友口中聽聞有人曾經踏足這間會所。教科書裏所謂香港社會華洋共處，大概是指香港除了華人之外，也有外國（尤其指英國）人居住；但這並不表示華人與外國人共同生活。[2]

在我後來長大想出那些問題的答案之時，木球會會址已變成了今天的遮打公園。踏入八十年代，中環的建築環境出現了重大轉變。不過，在我整個唸中學的時期（1970－1977）裏，中環還是挺有殖民地氣氛的。轉過木球會旁的那一個彎之後，電車便會經過滙豐銀行、渣打銀行、告羅士打行、歷山大廈等洋行建築群，隱約在提醒我們這是商業中心——是一個需要學好英語才有機會躋身其中的世界。

在我眼中，眾多英式大樓之中，以郵政總局最具氣派。但這

---

2 Timothy Mo (1994) 曾寫過一篇與木球會相關的回憶短篇，讀起來是百分百的陌生。

卻未能幫助它逃過拆卸的命運。最令人失望的是，後來在新址建成
的郵政總局卻連一個像樣的大門口也沒有。落得如此收場的殖民建
築，當然不限於郵政總局。隨着一幢接一幢殖民色彩的建築物於
七十年代中後期消失於經濟繁榮、地價急升的中環之中，舊日城市
的面貌急速轉變的同時，整個城市也似乎在重新編寫歷史和塑造它
的性格。

另眼相看

多少是九七回歸的緣故，在1997年前後香港人對本地文物的
保護大大提高了關注（Cody, 2002: 192），一改以往那種冷淡的態
度。當然，所謂對歷史、文物提高關注，背後動因不一。有的出於
對歷史的尊重，也有的僅視歷史文物為經濟資源，以它們為發展城
市、文化旅遊的材料，由功能的觀點出發，因有利可圖而發現其重
要性。但無論是基於哪一種考慮，到了更多人發現歷史文物的價值
的時候，現實卻是不少老建築早已拆卸，並未有被保留下來。

今天，我們談論如何保育香港的歷史、文物（由英佔前的傳統
中國文化到殖民時期的文物到當代香港社會大大小小的事與物），
會覺得是理所當然，天經地義。有時候，大家甚至覺得形勢比人
強，保育工作趕不上歷史文物的消失，並為此而覺得可惜。而2006
年年底因拆卸天星碼頭鐘樓而產生一連串的集體行動、衝突，更是
強烈的反映出市民對香港的歷史、文物的訴求。不過話說回來，曾
幾何時，我們對香港的歷史、文物有過另一種看法、態度。

維多利亞城的消失，不能理解為某一種單一的支配力量——
殖民地政府或投資地產的資本財團——一手一腳所直接造成的後
果。無可否認，政治、經濟利益在這個城市面貌改造的過程中起着
重要的作用。可是，我們又不可能將它純粹理解為單獨由某一方操
控的結果。我想指出的是，當時香港市民和香港社會面對老建築的
拆卸、文物與傳統的消失的反應，也是構成今天所見的香港歷史、
文化面貌的其中一環。因為過去的袖手旁觀，才有今日的結果（小
思，2007）。

本文所寫的是中環殖民建築在上世紀七十年代消失的過程，
同時通過檢視該時期民眾對香港文化、文物的理解，重新思考在殖
民地制度之下，本土意識的形成和市民與社會之間的關係的特點。
如Wordie（2002：2）所言，說來諷刺，「所有這些建築⋯⋯是在
1976年古物古蹟辦事處成立之後——而不是之前——拆掉了。⋯⋯
結果，一直存在於香港，由根深蒂固的既得利益，私人的貪婪和公
眾的冷感所構成的影響，令市中心剩下極少可傳給後人的文物建
築。」這個消失的過程並不是發生在遙遠的日子裏，而是當代的香
港社會，本土意識與文化逐步形成的七十年代。對這個過程的反
思，有助我們了解香港本土意識與文化的一些特點。

城市變貌（一）：殖民政府

可以這樣說，香港一直是一個「現在進行式」的城市。在經
濟利益及其他所謂的現實考慮面前，歷史、文物一直屬於次要的問

題，必須讓路。舊的不過去，新生事物又怎會出現呢？這一種聽下來好像是當代香港人的想法，其實由來已久。1935年落成的滙豐銀行總行大廈，選址地點為香港首座大會堂（1869年）的舊址。更有趣的例子是，1904年建成的歷山大廈於五十年代重建，1956年落成後二十年不到，於1975年拆卸重建。每一年代的建設似乎對之前的老街、舊建築都毫不客氣。所謂的新，代表向前推進。這個「現在進行式」的城市曾經只看前面，對歷史、過去，頭也不回。只要繼續向前，便能夠將一切問題都解決。

回顧香港城市變貌的過程，最急速的轉變發生在上世紀七十年代中至八十年代初期。在1975至1977年間，便先後拆卸並重建歷山大廈、搬遷香港木球會（原址改為遮打花園）、1976年拆卸郵政總局、1977年拆卸及改建告羅士打行和連卡佛大廈、1978至1980年間將海軍船塢和兵房發展為金鐘及香港公園、1981年拆卸及重建香港會會所、1982年拆卸美利樓。明顯地，1971年所通過的《古物及古蹟條例》和1976年成立的古物古蹟辦事處及古物諮詢委員會，對於保留昔日中環的英式舊建築的作用，基本上微乎其微。

殖民政府——特別是當時已是七十年代，英國的殖民政策與文化已有所改變，而更重要的是，那是經歷過1966年九龍騷動的衝擊和1967年暴動對殖民主義的挑戰的一個殖民政府——無意保留殖民色彩的建築、歷史、文物，並不太難理解。到了那個時代，以殖民建築、歷史、文物來彰顯殖民地宗主國的權力與權威的目的與作用已逐漸消失。事實上，對殖民政府來說，更為重要的政治考慮是

如何淡化殖民地的形象，減少官民之間磨擦與衝突的機會。[3]當年的港英政府或者並不會過分活躍地清除各種會引起殖民主義的聯想的象徵符號，但可以肯定的是，它不會阻止任何淡化殖民色彩的可能。

殖民政府在文物古蹟保護工作上的態度與表現未見積極，這似乎是不同評論者的共識（Cody, 2002: 199；Henderson, 2001: 232；Li, 2003: 254；Lu, 2003: 10-11；Teather and Chow, 2003: 114）。事實上，港英政府在1971年通過《古物及古蹟條例》之初已清楚表明，「本法案旨在建立對在本港考古發現之管理及保證具備特殊歷史價值的項目得以保護和供社會享用」，但同時亦指出「香港社會存在一種傾向，專注於未來的需要，多於保留過去的印記。本法案自然會有選擇地應用，以保障有必要的發展項目不會因要保護無關重要的古物而受阻延」（引用及譯自Lu, 2003: 10-11）。該條例通過之後，到1976年才正式實施，同年成立古物諮詢委員會及古物古蹟辦事處。前者是政府底下的諮詢性質的法定組織，而後者則負責行政工作，先後安排到政府架構內不同的部門管轄之下（Cody, 2002: 199）。

3　港英政府安排木球會遷離中環，一直有意見認為與政治考慮相關。但據Lockhart（2002: 111－119）所寫的木球會歷史，長期以來會址問題極具爭議性。二戰結束後，1947至1948年間政府曾質疑該俱樂部佔用遮打道地段之法律根據。於1963年有立法局非官守議員批評其中場地未有充份運用，有浪費資源之嫌。政府在1966年成立委員會檢討私人康樂會所租地的安排。1967年10月，木球會會址成為了市政局內爭論的議題，而這持續至1969年2月的市政局選舉。港英政府於1969年3月通知木球會無意在1971年租地期滿後續約。

以古物諮詢委員會於1979年（即出版第一份年報的年份）所公佈保存古蹟成果的資料所見，以考古類別最為成功（成功率達83.3%）；而屬文化、歷史類別者，成功列為古蹟的百分比，則分別只有28.5%及6.25%而已（見表3.1；另於表3.2見法定古物古蹟名單）。[4]從政治的角度考慮，在七十年代期間將古蹟文物保存集中於考古類，既可安撫本地華人（那些不會即時引發民族情緒的中華文化受到尊重），亦可避開（因保留殖民文物文化而可能產生的）政治爭議。當然，如表3.3所顯示，文物保護的選取對象隨着時間及形勢（如前途談判展開後至上世紀九十年代中期，跟殖民地文化相關的歷史遺跡的數目顯著上升）而有所變化。可是在當時七十年代的香港社會，殖民政府對於保留殖民色彩的古蹟文物反應冷淡（亦可理解為小心翼翼）。

李志苗（2002：94）翻閱古物諮詢委員會的年報時發覺，早年不獲通過為古蹟的建議包括了香港會會所、高街精神病院、香港大學本部大樓（後於1984年宣佈為古蹟）。[5]至於舊赤柱警署、尖沙嘴天文台等於1977至1978年度獲提名時，只得到建議擱置的決定，後來到八十年代才正式宣佈其古蹟的地位。在界定法定古蹟的過程中，困難重重：

4　上述分類參考張展鴻（1996）的分析。歷史遺跡指殖民地年代及其歷史文化的舊建築和文物；文化遺跡包括原居民及在港華人帶着中國文化色彩的文物古蹟；而考古遺跡則指遠古時代的人類文明遺跡。另參考李志苗（2002）。

5　1971年通過的《古物及古蹟條例》，將受保護的文物統稱為古蹟（monument）及古物（antiquity），並未有明確說明歷史建築是否包括在內。到1982年條例經修訂後，才清楚界定為古蹟、歷史建築物、考古或古生物遺址。

表3.1：1979年古物諮詢委員會宣佈保有古蹟成果

類別/結果	建議數目	反對/擱置/未有結果	特別安排	成功列為古蹟數目	成功率(%)
考古	6	1	—	5	83.3
文化	7	4	*1	2	28.5
歷史	16	14	**1	1	6.25

資料來源：李志苗，2002：91。
*柴灣羅屋保存為博物館；
**訊號山之訊號塔由市政局修葺保養

表3.2：法定古物古蹟名單

1. 港島大浪灣石刻
2. 西貢滘西洲石刻
3. 西貢東龍洲石刻
4. 西貢大廟灣刻石
5. 大嶼山石壁石刻
6. 蒲台島石刻
7. 大嶼山東涌炮台
8. 中環都爹利街石階及煤氣路燈
9. 西貢東龍洲炮台
10. 荃灣三棟屋村
11. 大嶼山分流炮台
12. 大埔舊北區理民府
13. 西貢上窰村
14. 長洲石刻
15. 銅鑼灣天后廟
16. 西貢龍蝦灣石刻
17. 大埔元洲仔前政務司官邸
18. 西貢佛頭洲稅關遺址
19. 元朗新田麟峰文公祠

20. 大埔碗窰村石窰遺址
21. 大嶼山分流石圓環
22. 大嶼山東涌小炮台
23. 大埔文武二帝廟
24. 尖沙嘴香港天文台
25. 舊赤柱警署
26. 中環舊最高法院外部
27. 香港大學本部大樓外部
28. 黃竹坑石刻
29. 舊大埔墟火車站
30. 上水廖萬石堂
31. 荃灣海霸村民宅
32. 元朗新田大夫第
33. 粉嶺龍躍頭覲龍圍門樓
34. 元朗廈村楊候宮
35. 深水步李鄭屋漢墓
36. 中環紅棉路舊三軍司令官邸
37. 中環炮台里前法國外方傳道會大樓
38. 柴灣羅屋

39. 沙田王屋村民宅
40. 舊灣仔郵局
41. 上環堅巷舊病理學院
42. 舊上環街市
43. 尖沙嘴前九廣鐵路鐘樓
44. 沙頭角鏡蓉書屋
45. 尖沙嘴前九龍英童學校
46. 半山區列堤頓道聖士提反女子中學主樓
47. 元朗錦田二帝書院
48. 粉嶺龍躍頭覲龍圍圍牆及更樓
49. 中環花園道梅夫人婦女會主樓外部
50. 粉嶺龍躍頭麻笏圍門樓
51. 尖沙嘴前水警總部
52. 舊總督山頂別墅守衛室
53. 中環荷李活道中區警署
54. 中環亞畢諾道前中央裁判司署
55. 中環奧卑利街域多利監獄
56. 香港大學大學堂外部
57. 香港大學孔慶熒樓外部
58. 香港大學孔鄧志昂樓外部
59. 中環上亞厘畢道香港禮賓府

60. 中環花園道聖約翰座堂
61. 元朗橫洲二聖宮
62. 九龍寨城公園九龍寨城南門遺蹟
63. 九龍寨城公園前九龍寨城衙門
64. 粉嶺龍躍頭老圍門樓及圍牆
65. 粉嶺龍躍頭松嶺鄧公祠
66. 粉嶺坪輋長山古寺
67. 大埔大埔頭村敬羅家塾
68. 元朗山廈村張氏宗祠
69. 大埔上碗窰樊仙宮
70. 中環堅尼地道聖約瑟書院北座及西座
71. 橫瀾島橫瀾燈塔
72. 荃灣汲水門燈籠洲燈塔
73. 元朗屏山鄧氏宗祠
74. 元朗屏山愈喬二公祠
75. 元朗屏山聚星樓
76. 西貢滘西洲洪聖古廟
77. 粉嶺龍躍頭天后宮
78. 上水河上鄉居石侯公祠
79. 屯門何福堂馬禮遜樓

表3.3：1976至2004年法定古蹟分類

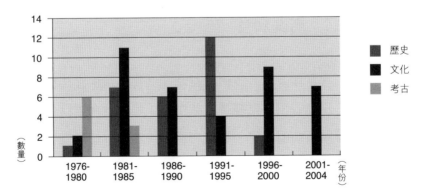

資料來源：據表3.2資料所作的統計

　　私人業主遲遲未敢同意當局其時有潛質的古蹟宣佈為法
定古蹟；同時，在尋求宣佈為法定古蹟時引起行政程式，雖
盡九牛二虎之力，仍未能解決，所以除了坐落官地而無迫切
用途的建築物，經委員會建議，被接受為古蹟外，委員會對
在私人土地上的古蹟，則一籌莫展。

　　在法定古蹟的過程上，屢受挫折，種種擱置失敗⋯⋯四
年前成立以來，無法使任何私人建築物成為法定古蹟，而其
他幾處坐落官地的建議古蹟，至今仍未能成功地列入古蹟
名單。

　　每遇到建議保存及發展兩方為一古蹟爭持之時，往往是
發展商獲勝。理由很簡單，因為香港土地有價。（轉引自李志
苗，2002：93）

　　明顯地，保護文物古蹟並非殖民政府所重視的任務。基於政
治及經濟的考慮，它在這個問題上的態度，基本上是被動、毫不
積極。

城市變貌（二）：商業利益

　　如上文所說，當涉及私人經濟利益時，文物古蹟保護往往都要
妥協、讓步。中環乃香港的財經及商業中心，是「黃金地段」，土
地使用與發展是重大經濟決定。在當時經濟快速發展的環境下，商
業利益更經常起着支配的作用。

置地於1973年宣佈重建歷山大廈，重建後可租寫字樓面積由238,000方呎增至357,000方呎，其經濟效益之巨大，可想而知。基於商業考慮，置地又於1974年宣佈中環重建大計（Cameron, 1979: 59-60）。在歷山大廈於1976年完成重建後，便着手整合地皮，推動一個改造市區商業中心的重建工程。首先，拆卸只有194,000平方呎可租寫字樓面積的告羅士打行，並改建為置地廣場的Gloucester Tower——樓高47層，可租寫字樓面積達600,000平方呎。連卡佛行和溫莎大廈亦相繼拆卸而改建為後來置地廣場的商場。而整個置地廣場還包括把Edinburgh House和Marina House拆卸改建為Edinburgh Tower。到了八十年代初期，中環的心臟地段便在置地的中環發展計劃（由干諾道上的康樂大廈南至置地廣場，東起太子行、文華酒店，西至太古大廈、歷山大廈）下經歷了一次重大改變。至少在建築方面，本來已是消失中的維多利亞城更加快蒸發。

與此同時，在興建地下鐵路的計劃所帶動之下，發展地鐵站上蓋物業的可能性也成為了改造中環城市面貌的一大誘因。在市場經濟力量面前，建築、歷史、文物統統讓路。經濟效益的計算是最強的合理化理由。

殖民政府的政治考慮與資本的經濟計算，可以解釋為何經濟利益完全支配了香港城市發展（包括建築、歷史、文物保存）。在香港，經濟效益就是最好的解釋。但問題是：為什麼當年一般市民對一幢接一幢的殖民建築難逃拆卸命運竟反應冷淡（拆卸告羅士打行並沒有在社會上引發出一種集體的懷舊情緒）？市民在中環變貌的

過程中扮演什麼角色呢？

城市變貌（三）：社會的回應

對歷史、文物、文化、記憶的重視，並非必然。今天，香港市民對老街、老建築依依不捨，甚至參與集體行動，嘗試在公眾領域表達訴求，爭取把各種文物保留下來，這其實都是近十多年間慢慢形成的新現象。我這樣說，並非表示以前未曾在社會層面上出現過爭取保留文物的訴求或行動（見號外編輯部，1978）。但事實是能在保護歷史、文物等議題上引起社會大眾共鳴，並認真對待那些意見的情況，以前可謂少之又少。[6] 更重要的是，這種情況並不是一句港人冷漠便可以解釋過來。冷漠只是表現的形式；在冷漠背後，存在更深層的態度和市民與社會、文化之間的一種關係。

上世紀七十年代香港社會，面對大量拆卸、重建老建築的發展項目，民間對要求保留歷史文物的意見反應並不積極。從輿論、意見領袖的反應可見，當時不單對保留歷史文物——尤其是殖民色彩

---

6 七十年代本地報刊報道郵政總局之去留問題時，語調頗為曖昧：「……在港府對該座建築物〔即郵政總局〕尚未作出決定如何處理之際，現已有人決定拆卸改建為多層大廈，認為該處是中區地王，如將其拍賣改建，則港府可得一筆相當可觀之收入，……一位有心人士，……建議郵局遷到海傍新大廈後此具有數十年歷史之建築物，應予以內部裝修將其改作為公共圖書館之用，該建築物外貌裝修之特色，為近代建築物所未有，如將其拆毀萬分可惜。」見《華僑日報》，1973年2月26日。但此有心人士何許人也？究竟公眾有何意見？

濃厚的——反應冷淡，甚至有各種民間論述把這種不理不睬的態度合理化。

　　舉例：面對香港會會所拆卸重建的議題，當時經常參與及支持社會運動的市政局議員黃夢花便提出了一種批判殖民文化的政治論點：「以建築藝術角度看，該建築物或有其價值，但論政治因素，則該座大樓應盡快消失，而且愈早愈好。」[7]本地報刊的社評亦提出了相似的觀點——1977年11月29日《星島晚報》的「短評」有這樣的看法：

> 香港會所長期以來不准有色人參加，會員也只限於商界中少數高級人士，故與社會大眾的關係不大。不過我們認為，將香港會所當為古物保存下來，對今日和以後的香港發展絕無好處。

1980年9月17日的《星島晚報》亦有以下的看法：

> 香港會所是殖民地時期的「大班」聚集之地，戰前即使是「高等華人」也不輕易進出，具有種族歧視的重要意味……香港會所應否列為古蹟？這個問題提出之初，我們既認為殊無保留的必要。因為保留這充滿膚色優越感的會所，徒使多數香港人留下不愉快的記憶。

7　轉引自李志苗（2002：126），該則新聞報道乃香港大學圖書館香港特藏政治系英文剪報資料（Department of Political Science Newspaper Hong Kong Clippings Collection Vol.22.1），但未有記錄出處及出版日期。

　　上述兩段評論突出了殖民主義的政治含意和殖民地制度下精英與一般市民之間所存在的社會距離。因為香港會會所高不可攀，一般市民跟它根本沒有感情上的聯繫。它不單不是市民大眾日常生活中經常出入的場所，甚至被視為種族與階級差異所造成的社會距離的象徵。老建築的或存或廢，被視為與民眾無關，跟市民的日常生活互不相干。[8]

8　相比之下，本地報刊對拆卸尖沙嘴火車站及鐘樓所持態度，則沒像對待香港會會所般全面否定。1977年4月29日《星島晚報》的「短評」指出：「六十年來，無數人由尖沙嘴車站乘火車到大陸，或由大陸來到香港，對於這個鐘樓都會留下難忘的印象。有不少人於聽到這個鐘樓的報時鐘聲，會聯想到倫敦的『大笨鐘』。英國人民決不會主張將『大笨鐘』拆除。同樣，我們相信香港大多數居民也不會贊成拆除尖沙嘴鐘樓。」不過，重視歷史價值和市民感情之餘，又會接受實際的考慮；1978年2月11日《星島晚報》的「短評」：「我們一向認為，尖沙嘴的大鐘樓是本港一個最具歷史價值的一項標誌，值得加以保留。至於火車站舊址，因佔地較多，而且市政局要用來建築文化中心，把它拆卸，讓文化中心好好地加以利用，自屬無可避免。如今政府作出此項辦法〔即招標拆卸舊火車站大樓〕，應視為權宜之舉。」同年2月13日，《星島晚報》的「社論」又強調：「本港近年經濟進展奇速，已由一個落後的轉口商埠演變成現代都市，並正在發展藝術活動以圖洗文化沙漠的惡譽。建築也正是藝術的一端，並兼具歷史價值，不容完全忽視。竊以為亦應仿照他國先例，由港府組織委員會，聘請有資格人士，就現存古蹟或重要建築物加以調查，就其歷史與藝術價值從事評價，其必須加以保全者加以維護興修，不得再興起拆毀之念……。」但值得注意的是，儘管有民間組織（如文物學會、長春社）和社會人士（如聖公會白約翰主教、香港大學教授Hodge）爭取保留尖沙嘴火車站及鐘樓，並發動簽名運動，向英女皇申訴，但最終亦無法改變港督拆卸車站的決定。當時擁有民選議員的市政局裏，多數主張拆卸火車站（甚至包括鐘樓）。主席沙利士認為：「鐘樓本身並不美觀，對中國人而言，是毫無價值。」他又認為倘因保留車站，影響興建文娛中心，則是「對香港市民的一種剝削，而他們是不會從一個古舊的火車站鐘樓，獲得任何益處的」（見1977年4月27日《星島晚報》）。另一位議員黃夢花指出：「目前向港府建議保留鐘樓的，是極少數居港洋人的意思。」（1977年4月29日《星島晚報》）

因為互不相干，所以有論者會搬出實用主義的觀點——「……不加以改建，以致未能『地盡其用』，實在可惜。」（見《星島晚報》，1978年10月17日）——以經濟計算為理由，解釋為什麼不把它拆掉才是可惜。在市民當中，也有人認為毋須考慮經濟利益以外的問題。甚至可以這樣說，因為沒有道德上的包袱，實用主義或經濟利益的觀點與考慮特別振振有詞。

但更有趣的是，因為對殖民主義及文化的保留或否定，另有論者可以提出中國文化，以更高的文化定位來否定保護那些帶有殖民色彩的歷史文物的需要：

> 我也說不清我為什麼對這事毫不感到興趣，或者說漠不關心……不知怎的，在我看來，拿不到一百年的東西，對歷史上最悠久的民族，幾百年幾千年的古蹟古物多到不可勝數的人民來談什麼歷史價值，似乎沒有什麼意思。……就香港會所這個建築物來說，說它是是古蹟實在是無事生非，或者是無中生有，小題大做。（見《星島日報》，1980年10月30日）

從這一種中華文化論的觀點來看，香港會會所的保留與否之所以不值得關心，因為它不配——不能跟悠久的中華文化（肯定不是以百年為單位）相提並論，也因此而沒有需要為了這個題目而費神。究竟這種中華文化高地的觀點屬於阿Q精神、以最自我中心的形式來遮掩殖民地制度下的自卑心理、對殖民文化的否定，還是對中華文化的肯定，並以它作為衡量歷史、文物的尺度，這本身就可

以是一個獨立的研究課題，而我亦相信讀者自有見解，在此只須點出其特點。

　　基於與個人生活的不相干，歷史建築的拆卸未必會刺激民眾情緒，引起反應。當然，這是一個程度上的——而不是有或無反應的——問題。[9]香港會會所的個案可能是殖民主義最濃厚的一個例子，市民大眾也因此而反應特別冷淡。但問題是其他歷史建築如郵政總局、尖沙嘴火車站的拆卸雖有過爭論，甚至出現過有組織的保護行動（主要是圍繞拆卸火車站和鐘樓的安排），但始終說不上是廣泛的民間動員或建制內外政治議論與行動的焦點。[10]

　　展示當年民間論述中的不同觀點，旨在指出曾幾何時本地民眾對香港的老建築、歷史、文物，另有看法、態度。維多利亞城在七十年代香港無聲無息的消失，市民也有其角色。

小結

　　現在事後看來，英國在香港殖民的手法和經驗，並沒有給大多數本地華人帶來深刻的、痛苦的經歷。就算曾經有過挫敗或不愉快經驗的，很多人也早已隨着時間的過去而有選擇性的把某些記憶保

9　參考註8所討論尖沙嘴火車站鐘樓的情況。

10　當年正是學生運動和城市社會運動的蓬勃發展時期，但基本上保護文物和歷史建築均非學生團體和社區組織所重視的議題。見呂大樂、龔啟聖（1985）；香港專上學生聯會（1983）。

留下來（也就是把另一些記憶刪除了），對殖民政府沒有深仇大恨（雖然也未必可以談得上強烈的好感）。在整理記憶的過程之中，甚至出現了一種把殖民年代的日子略為浪漫化的現象：一個美其名是自由放任而實際上則是要到六十年代中經歷兩次重大騷亂後才較積極進行社會建設的殖民政府，會被理解為打造一種強調自力更新、自食其力精神的社會制度的「設計師」。事後的合理化過程有時會把當時不合理的安排自圓其說，講出一點道理來。但事後的理解不應完全替代舊時的感覺，而更重要的是，它們不能圓滿解釋曾經發生的一些社會現象。

七十年代中至八十年代初期間中環的英式（即有殖民色彩）老建築大量拆卸，而未有在整個社會層面上引起重大迴響，我認為這並非簡單一句群眾態度冷漠（或漠不關心）便可解釋過去。事實上，正如我之前所引述的資料所見，當時社會各界和傳媒輿論並不是對保留英殖民風格的老建築沒有意見，而是不覺得那些建築、文物是屬於他們生活、文化的一部分。有人對殖民文化、歷史態度上有所保留或是敵視，於是搬出中華文化作為對比，以屬於他們的文化、歷史來否定源於殖民統治的另一種文化、歷史。也有人根本就覺得殖民文化、歷史跟他們的日常生活有一定的距離，彼此互不相干，你有你，我有我，兩者之間不存在感情的上的聯繫，也因此不會因為老建築和它們所代表的一種生活方式在城市化的過程中淡化或消失，而有依依不捨之感。在殖民地制度下，英國人與一般華人之間存在明顯的社會距離，像香港會會所這類場所，給市民大眾一種高不可攀的感覺。對一些華人精英而言，或者會視這樣的一所俱

樂部及其會籍為個人奮鬥的目標，要爭取機會躋身其中，求個人在身份、地位上有所提高，在一般人面前炫耀。但從一般市民的立場來說，那是屬於另一族群的生活世界，與自己無關。因為與自己的生活無涉，自然便難言什麼認同，沒有所謂主觀感受、感情可言。在他們眼中，建築拆卸也不代表殖民主義的淡化；當時殖民制度還活生生地存在，而它所帶來的不平等，絕不是憑空幻想出來的。

所以，冷漠是發展自那種事不關己的感覺。在七十年代中至八十年代初期的香港社會裏，一般市民覺得殖民地色彩的老建築、文物、文化是他人的東西，因缺乏感情聯繫而難以投入爭取保護文物的討論。事實上，要市民（也包括政府）對保護建築、文物、文化、歷史產生興趣，需要經歷一個過程。對那些曾被殖民的國家、地方來說，保留殖民文化、文物，多屬經過政治獨立，覺得已擺脫了舊日殖民主義底下的政治、經濟、文化支配，在民眾中間能夠有一種重新看待自己國家的歷史的態度之後，才發展起來的一種文化政治行動（AlSayyad, 2001: 7）。當殖民主義還是具體的、實在的生活經驗的一部分時，一切與殖民相關的文化所帶來的又是另一種感覺。

這一種與建制核心保持距離的態度和心理狀態，是殖民文化下的一大特點。當然，這樣說並不表示沒有人會想盡一切方法躋身殖民建制。事實上，希望能夠成為殖民系統中的精英人物者，大有人在。很多人積極參與大小社會事務——由慈善救濟到社區參與——無非希望得到政府的注意，有機會由街坊首長更上一層樓，晉身建

制中更貼近核心的位置。問題是對大部分市民來説，這是難以想像的事情。更重要的是，在民間文化系統之內，成功攀上殖民建制的階梯並不是個人成就的最高指標。對大部分人而言，搞好經濟條件和生活的做法既實際，又肯定會得到朋輩認同。生活在殖民地，專注經濟是大部分人的生活策略（Wong, 1986）。

長期以來，華人對待港英殖民制度的態度是互不相干。後者避免介入華人社會，減少引發反殖情緒的機會；前者樂得見到殖民政府容許他們尋找個人發展的空間，自己想辦法改善生活。這種互不相干的狀態，在不知不覺之間鞏固了生活中的社會距離感。殖民研究中所謂的異化、割離的心理狀態，就是這一種社會距離感。所以，在殖民時期，不是各種殖民風格的建築、場所與一般市民生活無涉，而是當時市民未有把它們看待為民間生活、文化的一部分。對很多人來說，那些建築物只是活動的場地，是必經之地或經常出入的地方，但他們不會覺得跟這些場所有感情。所謂過客心態，大概也就是這個意思：在香港生活，但不一定完全投入其中──尤其是那些英國人圈子及其文化的部分。殖民制度底下的平民生活，存在這一種抽離的狀態。

現在，回望過去，對沒有第一身生活經驗的朋友來説，當時那一份社會距離感不易理解。今天理所當然的事情，過去不一定如此。而今天值得討論的是，香港人是如何從過去那種抽離的態度改變過來，重新理解身邊周圍的事物，把它們都納入於平民百姓日常生活的範圍，投入感情，視香港社會為家，開始懂得以另一種態度

來看待這個社會的過去與未來。在未有這一種態度轉變之前，老建築、歷史文物等等，都只不過是他人的文化產物而已，而時間也不等於歷史。[11]

　　由互不相干到政府與民眾之間建立關係，由對身邊的事物抱着旁觀的態度並且冷嘲熱諷到產生感情、歸屬感以至開始以另一種角度去欣賞自己的社會、文化、歷史，有一個過程。[12]

11　殖民主義底下殖民者與被殖民者之間的矛盾關係既對立又統一。在政治、經濟、文化上，殖民者憑着權力（甚至暴力）支配被殖民者；這樣的權力造成對立的關係，不難理解。但兩者的關係又並不只有對立的一面。儘管殖民者與被殖民者之間在不少利益上存在矛盾、衝突，可是雙方又不可能完全將對方置之不理。殖民主義總是沒有辦法完完全全的征服被殖民者。無論是如何成功的殖民統治，它還是會引起抗拒或反抗；在這個問題上，如果存在任何分別，那也只不過是程度上的差異而已。被殖民者的反抗行動由日常生活中的不合作、小破壞到有組織的抗爭，形式不一。但滲透於生活各環節之中，是一種口服心不服、陽奉陰違的態度。當然，不能不承認的事實是，在殖民社會裏部分社會人士——尤其是殖民制度下的既得利益者，而他們多數是被殖民者當中的精英份子——全心擁抱殖民文化（不過，去殖後反臉不認，一百八十度大轉身的亦大有人在），他們以在儀態、舉止上神似殖民者而自豪。至於社會上的大多數，則他們對殖民制度及文化的態度總是存在一定程度上的含糊性，既愛又恨。在民間日常生活裏，我們經常可以見到、聽到民眾對殖民制度及文化的冷言諷語。從這個角度來看，一方面，港英殖民政府並不能成功將其歷史文化加諸港人之上——七八十年代港人基本上對濃厚殖民色彩的事物明顯地有所抗拒。另一方面，九七後港人對殖民時代所遺留下來的文物表現出一份感情，不是對殖民主義的懷念，而是對香港社會、文化、歷史有了新的理解。

12　何慶基（1997：67）有這樣的觀察：「七十年代，九龍尖沙嘴火車站被拆掉。對一個沒有本土歷史感的城市，這美麗的愛德華式建築物被拆毀，不算可惜，保留鐘樓已算是慷慨之舉。」

第四章

足球政治與冷戰的微妙關係[1]

由兩張照片說起

　　香港球壇名人必得利先生（Ian Petrie）曾於1997年編輯一本名為《香港足球歷史記念冊》的圖片集，[2]作為他退休時一次對多年來參與推動香港足球運動的回顧。埋藏在眾多很有歷史價值的照片之中，有兩張令我很好奇的圖片：其中一張的說明是這樣寫的：「中華人民共和國體育部長設宴款待流浪探訪中國，當年流浪會成為第一支未被國際足協批准而往中國到訪的外隊。」另一張則記錄「流浪探訪中國並向愉園借將鄭國根、鍾楚維增強實力，合照於可容納十萬〔人〕的體育館。」

　　我對這兩張照片感到好奇的原因，是如果當年的流浪足球會並

1　本文原為參與第四屆「香港文化與社會」研討會上的講稿，現略作修改。

2　必得利先生（時譯為畢特利）於上世紀五十年代來港工作，熱心推動足球運動，曾辦體育刊物，亦為足球球證，創辦流浪足球隊，成功帶領球隊由丙組逐步升級至甲組，並於1970至1971年度取得聯賽冠軍。

未事先取得批准而前往尚未恢復國際足協成員身份的中華人民共和國比賽，會因違規而受罰，應是一宗引人注意的體育新聞。可是，在我記憶之中，未有聽聞流浪足球會或其球員曾因違規而需要（在球隊或個別球員方面）停止參與本地聯賽。究竟這是怎樣一回事，耐人尋味。

更重要的是，過去談及香港足球與中國政治的連繫，通常只會留意到台灣的角色（最為明顯的就是香港球員代表中華民國參與國際比賽的安排），[3] 少有討論跟中國大陸的關係。在很多球迷的記憶裏，就算到了上世紀七十年代中期，在重要的表演比賽中（如：每年聖誕節、農曆新年期間邀請外隊來港作賽），陣容最強的代表隊並不是香港隊，而是「華聯」（由華人球員所組成的聯隊）或「港聯」（即香港聯賽選手隊）。[4] 出現這樣安排的原因之一，是好些出色的香港球員曾經代表中華民國出賽，以至他們不能入選香港代表隊。這種情況在五六十年代甚為普遍，而且也不會引起太大爭

3　關於這個問題，一篇嚴謹的學術研究文章是鄭良英、吳俊賢、王宏義（2006）。至於香港代表隊的出現，一說始於1956年參加亞洲盃比賽（見林尚義、盧德權，1990：27），但據香港足球總會（2004：104）的表述，香港在1954年已有派隊參加亞運會足球比賽。區志賢（1993：13）的說法是：「在五十年代期間，舉凡國際性的亞洲運動會、亞洲盃、默迪卡盃等賽事，香港都有派隊參加的。當時香港足球人材鼎盛，經常能組成兩大強隊參加，一隊代表香港，另外一隊代表自由中國。」

4　當然參加「華聯」的球員除了曾代表中華民國的「國腳」外，還有來自馬來西亞的華人球員，如：球星仇志強、古廉權等便是這類例子。

議。[5]在當時球迷或一般市民的心目之中，香港隊或者中華民國代表隊基本上都是由參與本地聯賽的球員所組成的代表隊。

到了七十年代初期——尤其是台灣於1971年退出聯合國及香港在1973年首次參加世界盃外圍賽之後——情況便顯得有點尷尬。由於中華民國代表的身份真的逐步淡出世界體壇，香港代表的概念反而正在形成；球迷開始對哪位球員可以代表香港隊，哪位「國腳」因曾經替中華民國上陣而失去代表資格感到好奇。話雖如此，香港人在那個時期對待國共之間的政治張力，基本上是心照不宣，不會有太多說話。隨着台灣撤出國際體壇，香港隊的地位得以確立，[6]逐漸也就沒有太多人注意到上述問題了。

在上海市檔案館查檔案時，無意中發現了兩卷關於香港愉園足球隊和流浪足球會分別在1965年及1972年到中國大陸訪問及進行友誼賽的資料。這正好給我機會解答上面提到的謎團，而且我相信若能進一步了解上述兩支足球隊於上世紀六七十年代到中國大陸訪問的過程，應可提供一些線索，以認識在冷戰時期香港足球與中國政治的微妙關係。

5　但不能說沒有爭議，必得利就曾經在足總的執委會上提出，「香港註冊球員，代表其他國家出賽，實屬不妥，應加以禁止，更應對我們華聯球員懲罰停賽。」（林尚義、盧德權，1990：34-35）結果與中華民國隊有關人士前往英倫向當時國際足協會長羅斯爵士請示，始將爭議平息。

6　香港於1973年第一次參加世界盃外圍賽，表現頗佳，令人另眼相看。當年在編組賽中擊敗馬來西亞，再而在分組賽中面對日本和越南，兩場皆勝，但到最後於準決賽中不敵南韓。

神秘的香港同章足球隊

在談到流浪足球會於1972年到大陸訪問及比賽之前，須說明一點，這就是該次訪問並非第一次有香港球隊冒着違反國際足協規定的風險到內地比賽，在此之前，愉園足球隊曾於1965年有過類似的訪問活動。事實上，在安排流浪足球會到訪的過程中，外交部、國家體委亦曾向港澳工委提出意見：

我們對香港流浪隊來華具體意見如下：

一、1965年蔣幫曾利用國際足聯禁止會員國與非會員國比賽的規定，在愉園足球隊歸港後借機煽動，鑒於此情況，謂你們向該隊提醒國際足聯此規定，如對方經我提醒後仍堅持來華，則可邀請今年4月24日來華二至三週，如經我提醒後，對方表示有顧慮，則不必勉強。

二、以中華全國體育總會廣東省分會名義邀請其來華。隊名建議用「香港流浪會參觀團」或「香港足球界參觀團」，請與對方商定。（B126-2-124-12：「致港澳工委覆函」，1972年4月13日）

由此可見，外交部、國家體委在處理香港球隊來訪，小心翼翼。同時，文內還提及愉園足球隊曾於1965年到訪，並引起了政治小風波。

翻查1965年本地報章的體育新聞，發現該年7月23日《華僑日

報》有一段引自路透社英國倫敦於22日發出的消息：「香港『同珍』足球隊在廣州被擊敗。」[7] 更有趣的是，文章引述過路透社的電訊後，又轉載新華社的消息，並在最後一句以括號加入了該報對這支神秘的「同珍足球隊」的註腳：「查此隊足球隊可能與本港最近部分大牌球員所組成者。」限於當年資訊流通受到種種限制，就算球賽在距離香港不遠的廣州舉行，亦無法安排記者現場報道，以便取得第一手資料。到事情變得敏感後，駐大陸的海外通訊社的記者，對取得更詳盡的資料也是束手無策。據1965年8月2日《華僑日報》（題為「香港足球隊在北平負二比三」）引述路透社的消息：

> 此次比賽之安排與中共慣例不同，在場地沒有比賽程序的宣佈。擴音筒也不宣佈雙方球員之姓名。⋯⋯當路透社通訊員索取足球員名單時在場之中共職員稱：此香港之足球隊先提兩條件；他們的球員姓名不得公佈，以及不得拍攝照片。今正遵守條件，此通訊員又無法訪問香港之足球員及職員。兩隊在下半場均有換人，但擴音筒只提及球員背上之號碼。[8]

查實「同珍足球隊」就是愉園足球隊，整個訪問行程主要包括廣州、

7　「同珍」乃基於外電之譯音，實應為「同章」。不過，也不能排除記者已知該球隊為愉園隊，該球會之會長及這次訪問團團長是顏同珍，於是將名稱自行譯成「同珍」。

8　在廣州比賽時，亦以相似的方式安排：「在廣州時，曾把參觀團改為旅行團。比賽可發消息，不發名字、不拍照（因國際乒〔按：應為足字〕聯有限制），不留憑據，有利於回去的鬥爭。」（B126-1-893-64：「香港足球界人士回國參觀團情況簡報（一）」，1965年8月13日）

上海和北京。據上海市體育運動委員會的接待計劃，行程如下：

> 接國務院外辦及國家體委來電，香港足球界人士回國參觀團
> 一行十九人，在領隊顏同珍（愉園體育會會長）率領，已於
> 七月十九日抵達廣州，並將於七月二十五日乘94次車22：58
> 由杭抵滬（領隊由穗返港，不來上海），二十七日以香港同
> 章足球隊名義與上海隊進行一場友誼比賽，三十日乘14次車
> 18：20離滬赴京。（B126-1-893-54：「上海市體育運動委員會接待
> 香港足球界人士回國參觀團計劃」，1965年7月22日）

委員會表明「參照廣州的接待安排」，除「搞好比賽工作」和
安排參觀遊覽之外，也要「做好政治、友好接待工作」（同上）。所
謂「做好政治、友好接待工作」，指：

> 1. 接待工作中必須本着熱情、友好、親切、誠懇的精神，使
> 他們感到祖國對他們的關懷。2. 介紹上海解放以來的社會主
> 義革命和社會主義建設的成就。3. 結合當前形勢發展，宣傳
> 越南反美鬥爭的大好形勢，揭露美帝及其僕從的和談陽謀。
> （同上）

至於搞好比賽工作，其中一項是「加強觀眾的組織和宣傳教育
工作。要求做到基本滿座（售票及組織觀眾約三萬人），氣氛熱情
友好，秩序良好。」（同上）

　　明顯地，這是一項統戰活動。在安排接待的過程中，這個目標亦都十分清晰：

> 香港足球界人士回國參觀團，主要人員是愉園足球隊人馬，愉園足球隊是我對香港體育界的一個重要陣地，該隊有一定技術水平，是本年度香港甲組隊聯賽的冠軍隊。該隊的政治態度中間偏左，球員的思想水平都很低，對祖國認識較模糊，其中有幾個球員曾經代表過台灣隊參加國際比賽，但事後都已向我明確表示今後不再代表台灣隊。國務院外辦及國家體委指出，對他們做一些思想工作，安排好參觀遊覽和比賽活動，啟發他們的愛國主義覺悟，以利於今後更好團結他們，開展香港體育界的工作。（同上）

　　在相關的文件裏，一次又一次表明了統戰的考慮。更重要的是，通過統戰的部署，相信已能夠在香港的體育界打開一個新的局面：

> 這次來的主要是愉園隊的人，我們通過他們在體育界做統戰工作，香港體育界過去都是蔣幫控制的，我們經過一年多的工作，取得很大成績，現在香港體育界已成為三分天下（我們的力量，蔣匪與英帝的反動勢力）。（B126-1-893-64：「香港足球界人士回國參觀團情況簡報（一）」，1965年8月13日）

　　不過，在字裏行間，又反映出當時的中共對愉園隊仍然保留戒心和並不完全信任的態度。[9]這一點也反映出所謂統戰的微妙政治關係。以香港球迷的角度出發，他們會以為愉園足球隊本身就是整個親中共陣營的其中一環，通過它在香港爭取群眾，尤其是在足球運動方面——當年是極受廣大市民重視的一項體育運動——來打破親近國民黨勢力於香港體壇的主導地位。直接的說，愉園隊應該就是中共在香港進行統戰的機器的一部分。但，明顯地，在中國大陸的負責單位眼中，愉園隊是統戰的對象——要對它搞好思想工作。

　　愉園隊是香港本屆比賽的冠軍，此隊如再補充3至4隊員就成為香港代表隊。這些隊員在香港來講是比較好的，這次回來態度比較堅決，來之前，蔣匪幫恐嚇他們「來後回不去」，「大陸沒有褲子穿」等。因此，當是顧慮大，經過我們的工作和鬥爭，有二隊員辭職而來，有三個隊員為了避開蔣匪幫要他們代表台灣參加吉隆坡比賽而來。這些隊員文化水平低，沒有禮貌，很落後。這次回來另一個因素是，香港足球界有個謎，即：香港和大陸足球誰好，搞不清，來摸摸底，這批人很驕傲，認為大陸足球技術不如他們，就是體力好，速度好。……在廣州，對廣東青年隊比賽，4比0輸俊，開始時不服貼，後來通過參觀等改變了看法。看到我們訓練很嚴

9　在訪問上海行程中，接待單位記下一位團員曾請幫忙了解他的親戚狀況的要求。另該團員又在「隊內徵求舊衣服，講是送給他親戚的」，得以下評語：「如他親戚是進步的就不會向他們要衣服」。（B126-1-893-64：「香港足球界人士回國參觀團情況簡報（三）」，1965年8月16日）

格，現在教練說，看來四場比賽都要輸，希望能不吃0。我們必須勝他，這對今後工作有利。（同上）

在整個行程中，負責接待的單位記錄了愉園隊成員的一些言論，特別刻意突出他們對中國的讚美。[10] 作為一件政治統戰與思想教育的工作，究竟是否奏效（例如：是否真的有效在各球員中間，尤其那些曾代表中華民國出賽的，灌輸愛國思想和建立對中共的支持），實在難以估計。[11] 文件裏所記錄的言談，有頗濃厚的樣板味道，較難想像是球員的平常用語。但無論如何，政治統戰與思想教育是接待愉園隊到內地訪問的一項目的。

足球政治小風波

「神秘的同章足球隊」的行踪受到注意後，很快便成為球圈的一個話題。首先，涉及華人足球聯會挑選球員以中華民國代表身份參加默迪卡盃比賽的問題。據《華僑日報》1965年7月23日報

---

10 舉一個例，一位隨團的新華社香港分社的編輯表示：「『這個隊回來快十天了，看起來一天比一天有進步，領隊在宴會上的發言，裏面有一些我的觀點，但他基本上都接受了，在杭州我們講一定要解放台灣，他沒有鼓掌，在這裏〔按：上海〕宴會上提到我們一定要解放台灣，他們都鼓掌了』。他講：『這一段工作最成功的是上海青年足球隊以10：2勝他們，這對我們工作幫助是很大的。』」（B126-1-893-64：「香港足球界人士回國參觀團情況簡報（三）」，1965年8月16日）

11 關於球員對這些政治活動的參與及反應，我們所知有限。鍾楚維——有份以借將身份參與流浪隊訪問大陸——對此經驗有些總結，見莫逸風、黃海榮（2008：33）。但鍾楚維所談的是1967年以後的經驗。

道（題目為「華足聯今天下午選默賽中國隊」）：「據有關人士表示，『國腳』有部分已投向大陸去了，再度選用，彼此均無意思，假如將那些球員入選為代表，不但必定敗仗，可能會輸到成為笑話，這次選人以慎重態度選拔，有堅貞卓絕的體育精神，見敗不餒，見勝不驕而力戰到底的人為首選。」[12]

再者，由於入選香港隊及中華民國隊參加默迪卡盃比賽的代表當中，部分乃有份隨同章足球隊到大陸比賽的球員，因此事情也引起了馬來西亞足球總會的注意。《華僑日報》於1965年7月26日（「香港球員入大陸，大馬足總甚關注」）有以下報道：

> 馬來西亞足球總會重要職員，目前正密切注意香港足球總會的動態，因為根據報道，香港愉園隊曾改名進入中國大陸作賽，而一些受錄取為香港隊前來參加默盃賽的球員，也包括在內。根據報道，香港隊的球員廖錦明、李國強及駱德興三人，曾隨同愉園隊前往中國作賽。

翌日（同年7月27日），《華僑日報》又有報道：「日本業餘足

---

12 一個很值得了解的問題是，究竟當年本地的足球員是怎樣看待各種跟足球有關的政治聯繫的？是隨遇而安（看看是香港隊還是中華民國隊所選上）？既來之則安之（既然入選為「國腳」，便無謂退出）？自覺保持距離（所以投入香港隊而不參加中華民國隊）？還是左右逢源（自己親中共但又當「國腳」）？在相關的文件裏，我們可以讀到一些記錄，某中華民國隊代表在訪問中國大陸期間有歌頌中共的發言。同時，我們又可觀察到，有份隨愉園隊訪問大陸的球員，在身份公開後，年後繼續入選中華民國隊。

協宣稱，球員擅與非會員國賽球，必須遵照國際規章處罰。」至於香港足總於1965年7月30日所選出參加默迪卡盃比賽的香港隊陣容，只有一名愉園球員陳炳光列入正選名單。

到了8月4日，《華僑日報》有一則題為「足總如何懲治犯規例的球員」的報道，指出：「據悉：國際足協會長羅斯已請亞洲足協會秘書李惠堂就近調查真相，以待在默迪卡賽會上見面時詳談。由此看來，事情可能會嚴重。」不過，同一則報道又表示：「香港足球員往大陸比賽是事實了，國際上注視此事了，如不予以處罰，尊嚴盡喪，紀律蕩然，如要加以處罰，則又無證據作支持，這不是傷腦筋的事嗎？」最後，該記者估計：「預料可能又是不了了之吧。」

「同章足球隊」於8月9日返港，之前數日一直有本地新聞記者到羅湖打探消息，成為了當時體育新聞的關注點。面對來自媒介及體育界的壓力，8月10日晚社會知名人士何賢與霍英東「設宴款待香港足球界以同章隊名義赴大陸旅遊大陸歸來者，並邀此間若干體育界文化界人士作陪。席間何賢與霍英東分別致詞，呼籲體育界交流經驗，以提高彼此體育水準。團長顏同珍，則報告旅行團觀光經過。」（《華僑日報》8月11日：「何賢霍英東歡宴香港足球界大陸旅行團」）這樣的安排似乎是有意將整件事情淡化為旅遊交流，同時亦顯示得到一些社會知名人士的支持，希望事件盡快平息。[13]

---

13 霍英東先生創辦東昇足球隊，又於1970年當選為香港足球總會會長，任職會長長達二十七年之久。

　　稍後，足總宣佈該屆首次執委會議將於8月18日進行，議程上最惹人注意的項目，當然就是香港球員到大陸比賽一事。不過，足總秘書處事先表示，該項議程將以閉門會議形式進行討論。在進行會議當日，足總主席莫慶對該案是否應該閉門討論，認為有研究必要（《星島日報》8月19日：「球員赴大陸比賽事件，足總成立特別委員會專責研究該項問題」）。不過，還未開始討論，話題又轉到應否延遲整個程序之上。最後，足總決定成立一個六人組成的調查事實委員會，了解事情後，最後交回執委會作最後討論。在會上鍾逸傑建議「所有與此案有關的球員，在該案未有決定之前，不應接納註冊」（同上）。

　　或者就是因為這一點，「香港足球界同章旅行團」的三位正副團長於8月24日向足總遞交抗議信：

　　那抗議信的內容，大略是：辯釋他們這次一班球員回大陸旅行及作友誼賽，完全是球季外的技術交流，帶有練習性質，是正常的，是有自由的。足總執委員這次竟要設組調查，「硬性」指派調查成員，是不民主的。對於暫時停止旅行球員的註冊，和最近通令華足聯會，對其主辦的日韓比賽，不〔過〕選派參加旅行大陸的球員出場，更是「損害屬會利益」。又指足總此舉，實是打擊本港熱心搞足球運動的人士的興趣。非本港足球前途之福云。（《華僑日報》，1965年8月24日，「香港足球界旅行團昨向足總會長抗議」）

抗議書還包括三項要求：一是撤銷成立調查小組的決定，並且不得傳訊和處分有份參與旅行團的球員；二是撤銷暫時不接受曾參與旅行團的球員註冊的決議；三是停止限制華足聯遴選上述球員出賽的做法（同上）。

當時是新的球季即將開始的日子，暫不接受球員註冊的做法牽連甚廣，足以影響涉案的球會如何參與聯賽。9月3日足總開會，結果如下：

足球總會昨天召開的會議主題是研究曾經返回大陸作賽的球員事，但在通過財政後便即開秘密會議，討論此案及調查事實小組的報告，結果足總有一項書面的報告如下：「昨日足總執委會討論，關於調查小組會對最近球員未獲得足總會的批准，而出外比賽，及經法律顧問的意見，決定對這些未有得到批准而在外作賽的球員，予以警告。同時，對於該等球員的註冊，則可以依照通常般向秘書辦理註冊的手續。」（《華僑日報》，「返大陸球員被警告，註冊事准恢復辦理」，1965年9月4日）

一如前引報道所言，在沒有更大國際壓力之下，整件事情就不了了之。[14]

事先張揚的流浪足球隊

　　事隔數年，形勢跟1965年的情況有所不同。之前是文革前夕，「同章足球隊」到大陸訪問，似乎是順應愉園隊取得香港聯賽冠軍而加強團結和統戰的工作，鞏固在香港體育界打開新局面的形勢。到了1972年，考慮應該有所不同。究竟具體考慮為何，相關的文件並無說明，但相信與當時中國積極部署重新參與國際社會相關。如下面的文件所示，在準備重新參與國際足協，中國除了必須爭取友好國家的支持外，好好團結香港足總也是有需要的。[15] 在當年仍受孤立的國際形勢下，香港的角色更是不容忽視：

14　據上海體育運動委員會之記錄，「同章足球隊」一行十九人訪滬，但在「外賓在滬活動綜合簡況表」上卻寫上全團總人數為十八人。估計這是因為團長顏同珍從廣州直飛北京，沒有隨團訪滬有關。到該足球隊由穗返港時，「旅遊訪問」已經公開，團員名單亦在報刊上刊登。據8月10日《華僑日報》報道（「香港足球隊昨由穗返港」）：除正副團長顏同珍、陳桂初和簡煥章三人外，還有團員朱永強、劉添、黃文偉、羅國泰、郭滿華、李國強、廖錦明、駱德興、盧德權、翟錦輝、何耀強、秦禮文、莫光強、李志森、馬福培和梁紹基。上述名單並未有包括一位在新華社香港分社當總編輯陪同出發的男士。這亦有別於上海體育運動委員會所準備的一份「香港足球界參觀團名單」。該名單上包括二十九人的名字，一些人並沒有隨團到大陸，但有五位的名字是手寫補上的。名單上有其姓名而相信並未有參加的　陳炳光應為其中　位　大概亦是這個原因　令他成為當時可入選香港代表隊參加默迪卡盃賽的愉園隊員。但令人更感好奇的是，「香港足球界參觀團名單」有莫慶的名字，介紹為七十四歲，廣東中山人，足球總會副名譽會長。雖然莫慶並沒有參加這個「香港足球界參觀團」，但可以想像他對整個行程有一定了解。在個人關係上，他亦應是愉園隊之友好。

15　關於中國於七十年代初期跟香港足總的接觸及中國參加國際足協的過程，可參考鍾逸傑（2004：81－87；95－99）及冷夏（2010：157－162）。中國成功加入亞足聯，對爭取於足球運動上的國際參與可謂十分重要，但它仍然需要多等幾年，而且過程曲折，才能正式於1979年10月恢復在國際足協的席位。

1971年，中國恢復在聯合國的合法席位之後，中國體育一直還被排斥在國際奧委會及各單項組織之外。當時鄧小平副總理指示國家體委會不能等待，要積極鬥爭，以後霍英東先生與鄧小平有過多次接觸。……早在1974年德黑蘭亞足聯理事會上，他同霍震霆一起，……在各理事之間斡旋，創造了恢復中國在亞足聯的會籍的緊急議案以三分之二通過，修改亞足聯章程又以三分之二通過，再以三分之二票數通過恢復中國在亞足聯的會籍的奇跡。（魏振蘭，2007：19）

中國大陸要在重重限制的大環境裏爭取活動空間，香港往往都可提供協助。[16]透過邀請香港球隊到訪，大陸更可試探一下外界的態度與反應，嘗試「衝破國際足協的限制」。就此，安排流浪足球隊到中國大陸訪問及作友誼賽的建議，且是由港澳工委於1972年3月15日向外交部及國家體委提出：

香港流浪足球隊於1960年成立，負責人是蘇格蘭人必得利。……獲1970－1971年度香港足球聯賽冠軍。該隊經費來源靠

---

16 參加亞足聯後，霍英東「特意在香港組織一場1975年度的亞洲足球賽。大陸足球隊能否參賽，成為大家關注的焦點」（冷夏，2010：162）。霍英東跟他的兒子霍震霆前往瑞士，遊說國際足協的高層，成功爭取他們接受中國足球隊參與比賽。按霍英東口述：「當大陸足球隊出現在亞洲足球賽上，一切的問題隨即不化而解：國際足聯〔本文譯為國際足協〕也不再追究亞洲足協的表決〔指其接受中國為會員的決定〕，台灣方面也無話可說，大陸足球隊往後均可順利參賽。」（同上）而中國亦於1977年安排美國紐約宇宙足球隊訪華。至於香港足總，則跟廣東足球協會於1978年12月簽訂協議書，合作舉辦省港盃足球賽（1979年1月便正式舉行第一屆比賽），除有促進交流的意義外，也可視為一項在中國尚未恢復國際足協會員資格之前，爭取對外聯繫的工作。

比賽門票收入和霍英東、何鴻燊等人支持。必得利現任香港
足球總會副主席、「亞洲足協」委員。他的政治態度對我友
好，對蔣不滿，多年來極力反對蔣幫利用香港足球進行反動
的政治活動，去年在我還未恢復在聯合國的合法席位前，曾
醞釀用香港足總名義去信國際足協要求驅逐蔣幫，接受我國
為國際足協會員國，後因票數不足作罷。故蔣特對他十分痛
恨，經常予以攻擊。尼克松訪華後，必得利更大力鼓吹同我
國友好，在香港足球事務中，對我愛國球會多方支持。他長
期培養青年足球運動員，成績不錯。他是香港足總當權派。
影響頗大。……我們認為：必得利這次毅然放棄亞洲冠軍盃
比賽……要求訪華，是嚮往我國的表現。如接受其來訪並打
幾場友誼賽，既可在香港足球界和香港蘇格蘭僑民中擴大影
響；又可衝破國際足協的限制，似對我有利。……如流浪此
行實現，建議在今年七月間接受由香港足總執委會組成的訪
問團前來國內作訪問比賽，香港足總成員多數是當地社會知
名人士，他們也表示希望最近來訪。（B126-2-124-10：「關於接
受香港流浪足球隊來訪的意見」，1972年3月15日）

看來是因為吸收了之前愉園隊訪問大陸的經驗，必得利沒有故
作神秘，反而事先張揚出訪，但強調是旅遊訪問。1972年8月11日
《華僑日報》（「必得利昨返港，三員新將偕行」）報道：「關於
流浪進入大陸旅行問題，必得利謂剛剛返港，一切情況尚未十分清
楚，有記者問他如進入大陸，是否作足球賽，必得利打趣的說：可
能打『波仔』〔小型球〕。」在流浪隊正式出發前，給足總發了通

知。據8月15日《華僑日報》消息（「流浪昨通知足總今天入大陸旅行」）：

> 流浪入大陸觀光，現已證實，昨已由該會入信足總，透露在今天動程矣，聲明不會打波，而不用申請，僅作禮貌上通知。昨天流浪給足總之信大致是：近日報章報道該會入大陸踢波乃錯誤報道。實在乃被大陸邀請感到光榮，將與大陸體育界及足球界聯絡友誼，此行大約要兩週之多，要九月初才返本港，有機會希望球員能獲訓練，因為不打波無需要申請，僅禮貌上通知。據悉：流浪統帥畢特利知道中共乃非國際足協之會員國，提明不會踢波，但給足總之信，則希望球員能獲訓練，將來踢波，也可以一句訓練而作交代好了。

當然，實際上流浪隊到大陸「旅行」，行程順序為廣州、武漢、北京、南京、上海，回程時以廣州為最後一站，全程安排了七場比賽（B126-2-124：「香港流浪足球隊旅行團訪問日程」）。在上海所進行的一場比賽，流浪隊的對手是北京體院二隊，比賽於9月2月舉行。從本文開首所引當年流浪隊在北京比賽的圖片，以至相關文件所記錄的球員出場名單，顯然都是正式比賽，而非必得利所言「打『波仔』」。

負責接待的單位亦早已對流浪隊進行分析（B126-2-124-15：「流浪足球隊簡介」），指出：「特點就是踢英國傳統式足球，即是說習慣於長傳急攻，埋身衝撞，靠快靠湧，死纏爛打的作戰方

法。……在香港比賽時，他們往往恃着這些本錢，造成迫人之勢，去壓倒技術比他們較為優勝的對手。」（同上）對於個別球員，也有研究。例如：居理就被形容為「最具埋門威脅的人物」，不過在流浪隊啟程前，他以當時破紀錄的三萬五千元轉會費轉投精工隊，未有隨隊出發。至於郭家明則「從右方傳中的一腳很有威脅，……弊病……是只會把球推向右邊入底線，而極少把球推向左邊直入中心區的。」對隊中球員，評價最高的是鄧鴻昌：

> 流浪的幾個中場球員，比較上都算是有份量的，看來也應該具有控制好中場波的能力的（估計曾鏡洪、鄭國根、鄧鴻昌、活特四人會是中場波的控制者）。特別是鄧鴻昌，假身動作好，步幅大，速度高，極有可能隨時隨地運球騙過對方一、二守衛而拉鬆對方後防的。

至於整個訪問程序，大致上跟數年前「同章足球隊」的情況相似，除安排比賽、參觀、觀光之外，亦有一些所謂的交流活動。在文件所記錄的內容裏面，多是球員對中國的稱許。部分行程當在《體委外事簡報》上報告。一則解釋為何該次足球隊訪問是以旅行團的名義進行.

> 團長說：「為了避免麻煩，定名為旅行團。我們離港前對香港足球協會說，『來華是旅行、訓練』，只要不登比賽的消息和照片都沒問題。」副團長說：「香港有兩個蔣幫隊，專門攻擊我們，他們說：『流浪隊這次訪華一定比賽』，因此

我們離港時，來了幾十個記者拍照，我們說是去旅行的。」

（B126-2-124：《體委外事簡報》第110期）

另一段則提到中國加入國際足協的事情：

團長說：「多年來我們一直在為中國加入國際足聯而努力，今年我到了英國，把我們要邀請中國參加國際足聯驅逐蔣幫的觀點，向國際足聯主席羅斯談過」，又說：「中國有七億人口，國際足聯不應把佔多觀眾的國家排除在足壇之外，我們希望中國盡早參加國際足聯，我們相信不久即能解決這個問題。」當我方告之，只要蔣幫在，我們就不會加入，他說：「這個問題很簡單，只要有一個合適的人進行工作，很快就能解決。」（同上）

流浪隊回港後並未有因為懷疑在大陸比賽而引起批評或追究，反應之平淡跟幾年前愉園隊的經驗有顯著分別。這大概反映出國際體育政治氣候的變化（特別是中國加入聯合國和中美建交之後）和香港體壇的政治力量轉變，尤其是足球運動。

小結

愉園隊和流浪隊到中國大陸訪問及比賽的經驗，是冷戰背景下的香港小故事；它們既反映出國際政治大氣候與本地體壇政治勢力的變化，也說明了香港足球處身其中微妙的政治作用。在冷戰的

時代背景裏，香港作為國共雙方爭取群眾、拓展影響力和充份利用
的一處必爭之地，難免連足球也沾上了政治的味道。雖然這種政治
關係廣為人知，但又總是心照不宣，沒有怎樣將它記載下來。本文
目的之一，是嘗試通過上述兩個個案，說明一下這個問題。目的之
二，是將過去多從台灣與香港的關係來看這個問題，加入中共的維
度，幫助我們更清楚了解到香港在國共之間的政治張力中間的微妙
處境與作用。

　　香港足球在國共政治的框架裏面，存在着一種難以說清楚的關
係。大概也因為難以說得清楚，若隱若現，方便進行很實際的政治
工作。這一種微妙的政治關係是戰後初期香港社會的特色，而正因
為香港的政治舞台容許及實實在在的存在灰色地帶，港英與國共之
間的關係更為立體。香港是國共兩大陣營進行統戰、拓展對外關係
的場地，彼此在競爭的過程中，為本地社會注入了資源及活力（另
見第二章的討論）。

　　上面所談到的微妙的政治關係，不僅限於體育運動，還可見諸
文化界的不同方面。究竟那些活動如何參與塑造香港獨有的社會、
文化面貌，是值得深入探討的課題。而要認識香港社會及文化，冷
戰政治的一節，其實十分重要。

第五章

殖民空間與現代性[1]

前言

那是香港的1973年10月18日早晨,遠在英國倫敦温布萊球場(當地日期為10月17日,格林威治時間晚上7時45分開始比賽)剛完成了一場重要的足球比賽——英格蘭必須於主場擊敗波蘭才可以晉級,否則將會緣盡1974年世界盃決賽周的比賽。在當年很多球迷眼中,曾經是1966年世界盃冠軍隊的英格蘭,不敵那不知名的波蘭國家隊,是頗為不可思議的事情。而且英格蘭還有主場之利,理應順利過關。但我們在事後都知道,那場比賽的結果是兩隊打成平手,英格蘭被淘汰出局,而波蘭在1974年世界盃決賽周繼續表現出色,以季軍身份完成整項比賽。

在這裏我想提出的問題是:當年並沒有互聯網,而一般報章需要隔一天(或更長時間)才能將電訊翻譯及刊登,那麼作為球迷,

---

1 本文以 "The Malling of Hong Kong"(收於Mathews and Lui, 2001)為基礎,改寫而成。陳麗娥協助翻譯,特此感謝。

怎樣才可以取得最新的足球資訊呢？我清楚記得，當日幾個中學同學下課後，由灣仔乘電車到中環，再而乘坐天星小輪前往尖沙嘴，然後走到海運大廈的大堂，看看放置在那裏的電訊機會否傳出最新的體育消息。那個時候，海運大廈既是郵輪碼頭（但當年輪船作為到海外的主要交通工具的地位，已逐步為飛機所替代），也是一個大型商場，而裏面設有大東電報局的辦事處，可預約撥打長途電話的服務。對於在中學階段的我來說，海運大廈從來不止於一座大型購物商場。

當時在我眼中，海運大廈是特殊的空間，是接觸和認識香港以外的世界的其中一個窗口。那是一種很有趣的生活經驗，一方面有香港的特殊性，但另一方面我懷疑類似的經驗和感受，可見諸於內地的通商口岸及亞洲地區的（前）殖民城市。在本書的不同章節裏，我都會提到香港人並不完全擁抱殖民主義，但我們又得承認，有不少時候又會覺得因為香港是殖民地，於是有機會接觸到外面摩登的新事物。如何接觸和感受摩登，是殖民經驗的其中一環。

生活中的界線

以今天的角度來看，大型購物商場可謂香港文化生活的一個核心部分。對香港人來說，沒有人會對購物這活動和商場感到陌生。甚至近年大量內地「自由行」觀光遊客和消費者湧至，把好些商場都擠得水泄不通，但這似乎仍無損香港人逛商場的興趣，很多人依然樂於以此作為消閒活動的一種。

　　或者大部分香港人都已經忘記了或者沒有意識到，香港的購物商場文化只有四五十年的歷史。它並非香港社會、文化與生俱來的一部分。更值得注意的是，香港購物商場文化的發展，跟美國、加拿大和英國等國家的經驗很不一樣。歐美國家購物商場的發展，跟當地社會走上富裕，而同時擁有汽車的情況愈趨普及息息相關。那都是隨着城市走上市郊化而產生的生活方式（Crawford, 1992），或出現所謂的「公路休閒文化」（Kowinski, 1985: 46-52）所帶來的結果。至於香港，則六十年代所出現的購物商場，並非本土都市社區經濟轉型的結果，反而是由觀光旅遊及相關的服務行業所推動的轉變，很大程度上是「旅遊業所支配的都市發展」（tourism urbanization）的現象（Mullins, 1999）。這就是說，那一種城市化的形態並非完全由社會內部因素（例如人口增長、人口遷移、經濟活動的空間分佈有所轉變等）所決定，而是為了配合旅遊業的需要而出現的城市發展過程。這過程跟我們今時今日在不少發展中國家裏的城市所見到的很相似，因為存在外來的需求，於是便在遊客區興建大型購物商場。[2] 後來到了七十年代，購物商場文化在香港落地生根，則因為本地人口的消費力隨着經濟發展而進一步提升，而香港人亦開始習慣到購物商場去消費了。

　　嘗試了解香港購物商場的早期發展，除了給予我們機會好好反思一下初期本土消費文化的形成之外，還可以從中研究，在大眾消

2　不過我們亦須注意，在二戰之前所出版的旅遊、娛樂資訊並無突出香港在購物、消費方面的賣點。於1940年出版的《大香港》（鄧超，1940）所見，重點是放在普及娛樂如粵劇、賽馬之上。

費的時代來臨之前，購物商場的空間與文化可以附帶着其他層次的
意義──對摩登的、泊來的物品、文化及（想像中的）生活方式的
接觸，有時感覺就像呼吸新鮮空氣，令人感到開朗，這跟後來完完
全全的消費主義很不一樣。當然，消費作為一種經濟活動，它長期
存在於這個社會；但消費作為一種普及的消閒活動，並且成為日常
生活文化的組成部分，則有一個發展的過程。在並不是十分久遠的
日子裏，普羅大眾的消費多限於日常生活必需品。消費文化作為一
個概念，只在少數社會人士的圈子裏流通。而進行那些消費活動的
地方，則主要在商業中心區、遊客區。

對於舊日消費活動的地理位置、空間佈局，我們早已拋諸腦
後。但在回顧香港九七回歸前於不同社區的成長經驗時，吳淑君憶
述了六十年代末至七十年代初在尖沙嘴唐樓所渡過的童年：

> 繼海洋中心〔一家位於尖沙嘴心臟地帶的巨型購物商場，該
> 地段是香港的主要旅遊區〕之後，還有海港城、太子酒店、
> 馬可勃羅酒店、港威中心和中港城，全是海運大廈和海運戲
> 院的延續，一切理所當然──尖沙嘴從來就是遊客區、高消
> 費區，時髦而多種族。廿年前，本港商業和服務行業還遠不
> 及今天發達時，尖沙嘴已是本地人的「旅遊」熱點。（吳淑
> 君，1997：18）

我將會在後面的討論再詳細探討海運大廈落成的文化意義，
在此想強調的是：吳淑君那句「尖沙嘴已是本地人的『旅遊』熱

點」,可圈可點。她的感受與觀察提醒了我們兩點。一是尖沙嘴是
遊客區,本地人踏足其中,亦有一種「旅遊」的感覺。二是該處的
高消費、服務業,不少乃為了觀光遊客而設。尖沙嘴是屬於遊客
的,而香港人到這「旅遊熱點」遊覽,是一種經驗,足以寫在私人
日記簿裏。那裏的購物地點大多不是為了本地人而設,而是為別人
——遊客提供服務的。[3]到這些「旅遊熱點」看看商店櫥窗,已足
以令人興奮,而興奮的源頭來自那裏叫人感到陌生的環境:那些來
自世界各地的旅客所能負擔的高消費,跟本地人的生活水平有一定
距離。不為本地人所熟悉的高檔消費的建築、氣氛,這本身就已經
引人入勝。這些消費點將現實與幻想的生活劃分開來,一方面是本
地人日常生活中的現實,而另一方面是海外遊客所代表的、引起本
地人幻想的生活水平與方式。

Webb於六十年代早期所寫的旅遊指南 *Hong Kong*,裏面有一
專章是「主要給旅客的觀光指引」:

> 自然不過,遊客區集中於知名的酒店的所在地或海濱一
> 帶。在九龍,遊客區在坐落於半島酒店後面所延伸的好一段
> 購物大道。香港島則有兩個遊客區,一個是在渡輪與汽車渡
> 輪碼頭之間的海濱區域,並伸至皇后大道。另一個則在於灣
> 仔海傍(另一個在維多利亞港對面的、受人歡迎的遊客區,
> 亦因美國海軍經常光顧區內的酒吧而聞名),面向海軍艦隻

---

3 關於旅客的購物經驗,見Gleason (1967: 165-190)。

靠岸停泊的地段，配合那些訪客的需要的商店應運而生。

在這些遊客區營運的商店，特別「註冊」為遊客服務。它們在註冊的程序中需要特別簽署，保證不會買賣任何中國內地貨品，因此而可以代顧客申辦所需要的「綜合產地來源證」（Comprehensive Certificates of Origin）。只要旅客光顧註冊了的商店，回程時他們便輕易通關，攜帶那些物品入境。上述情況主要出現於來自美國的遊客。

不少東方城市，都有專門售賣某一種貨品的地點，形成如「金匠街」、「鞋匠街」等。香港也不例外，但這種情況不會出現於香港的主要遊客購物中心裏面。事實上，這可能是在香港購物時其中一項最突出而又會令人感到混亂的特色：在香港不同的貨品差不多隨處有售，而通常來說一家商店裏面就已經包羅萬有。（Webb, 1961: 103-104）

Webb的指引勾畫出五十至六十年代初期香港的消費和購物活動的生態，[4]同時亦說明了在遊客購物區和本地人所光顧的商店之間，存在一道深刻的認知差距和基於經濟能力的界線。那些供遊客光顧的商店，多集中於海外旅客（如觀光和公幹旅客，或者駐守或

---

4 在這為「綜合產地來源證」（Comprehensive Certificates of Origin）再作補充。香港酒店聯會的官方指南 *Hong Kong*（Hoffman, 1965: 90）提及：「一些香港的貨品可視為『推測性質的』，意思是推定由共產中國所製造的。若要證明貨源是香港，那麼這家店鋪便必須擁有香港政府商業及工業署發出的綜合產地來源證（CCO）。證明書五元一張，適用於在同一商店購買不多於總值1,500元的貨物。」背後的政治原因當然就是冷戰。在冷戰時期，共產國家出口至美國的貨物受諸多限制，而這些限制必然伸延至香港。

經過附近一帶的水手和軍人）經常流連的地方。[5]而在那些遊客出
沒的購物區以外的地方，存在主要是服務街坊的市集、後街、小商
舖和街邊。說來諷刺，這邊廂在遊客（也可能包括了外籍的旅遊書
籍作者）眼中，除非有旅遊指南作者建議，否則這些地方都被假設
為不太適合旅客隨意出入，有可能是「不安全」的空間。[6]那邊廂
本地人卻覺得那處在遊客區的店舖開天殺價，大多不是購買價廉物
美的東西的理想地點，所以通常都是「敬而遠之」，若有意光顧
（儘管機會不大），亦多精挑細選，小心翼翼。

　　當時，就有旅遊指南很直接的提醒來港的旅遊人士，到那些非
遊客區購物時，要打醒精神：

> 殖民地的後巷、窄街充斥了多采多姿的小商店，遊客可以就
> 翡翠玉石或象牙雕刻、字畫（一門古老的中國藝術）討價還
> 價。但買家必須有所警惕，而且除非具備專家的眼光，否則
> 在這些地方蹓躂，最好還是有一個具買賣藝術品相當經驗的
> 本地人在自己身邊。（Okuley，缺出版年份：188）[7]

5　關於以旅客生意為主的商店位置，見Gleason（1967: 170）。

6　Gleason（1967：188）在六十年代中記錄了：「除非你跟香港居民相當熟悉，否
　則他們不會太熱中向你介紹小商戶。他們不是想吞吞吐吐，但他們知道這遊戲的
　危險。若果有朋友介紹一家商店，但遊客找不到或買了次貨的話，那麼這段友誼
　跟旅客的荷包一樣受罪。」

7　同樣的警告大部分今天仍生效。欺騙或故意找贖不足的商舖，一經證實，都會由
　消費者委員會公報，但這些欺騙行為仍然難以阻止。

至於在本地人眼中,他們是相當清楚,那裏是遊客區,那裏是本地人購物消費的地方。兩者之間於本地人的腦海之中,存在相當清晰的認知界線,一點也不含糊。而我相信,正因存在這樣的分野,當本地人在遊客區購物時,多多少少會有種不是身處於自己所熟悉的社區的疏離感。

六十年代中,綠騎士(1998:299-308)寫了短篇故事〈禮物〉。該故事講述殖民地時期,買禮物送別到外地讀書的朋友。Ho概括了這個故事:

> 故事講述一名少女與幾位朋友在尖沙嘴的商店閒逛,想購買一份禮物。她看見一些華麗但俗氣的物品,竟當成為是道地的中國手工藝品而售賣給遊客時,感到沮喪。而遊客的熱情、她的友人和與她擦身而過的群眾,更凸顯她的疏離感。幾乎整個故事,她都沉醉於自己的幻想中,顯示出她對那已離港而回到中國大陸的男友的思念。……正當她還找尋什麼是「真」之時,她將自己從身處的社會放到邊緣的位置。她望向自己的根的文化,因此而疏離於自己的社會。這樣,她進行了一次內在的放逐。(Ho, 1995: 135)

故事也描述了這少女在殖民地社會所面臨的身份認同問題:

> 大家便再緩緩地踱在川流的遊人當中,想在遠東第一大購物市場尋找一些「中國」的東西,該很容易的吧?若瑩〔故事

的女主角〕覺很有什麼東西鬱漲在胸口。但若反對她們〔她的朋友〕的提議〔買一份有中國特色的禮物〕，又有什麼可代替呢？這是一個多可怕的事實，當你向自己追問，卻發覺不得不沉痛地承認原來自己也只是漠然的無根。（綠騎士，1998：302）

這些遊客區有大量供應所謂具備「中國性格」和香港旅遊經歷的元素的紀念品。尤其在冷戰時期，香港往往給描繪為「東亞的柏林」（Gleason, 1964：13）。不過，今天「中國性格」之所以在香港社會和文化備受重視，其實只為提升這些紀念品對觀光遊客的吸引力而已。諷刺地，那些「中國性格」的紀念品所討好的遊客，卻花最多時間於市區的遊客區內購物。因此Gleason指出：

因為過往幾年旅客如潮湧橫掃香港，若再說旅客湧入而快將破壞多采多姿的華人社會，顯然是陳腔濫調。若要接受這論調，就顯然是高估了旅遊業的影響和低估了中國人的反抗能力。

來訪香港的遊客是本土特有的現象。除了快速的巴士團接載遊客穿梭新界的大街和在香港島繞一圈外，這批遊客甚少乘坐渡海輪穿越相距只有一里多的港島及九龍天星碼頭。……離開時除了店主打算盤的「霹啪聲」之外〔即他們只逛街購物〕，便沒有別的能記錄他此行的行踪了。（Gleason, 1964: 183）

這尤其是在中國大陸還未推行開放改革（即1978年）之前，來到被譽為「購物聖城麥加」並鄰近共產主義國家的資本主義樂土的香港，購買具備中國特色的紀念品，確實是來港觀光的其中一種旅遊樂趣。

可是，在本地人眼中，這些紀念品跟他們在香港的生活及文化經驗，幾乎是毫無共通之處。去到那些外地旅客常遊覽的地方時，香港人會感受到外來觀光人士的興趣與角度；但在意識到他們的存在時，本地人又會發現自己難以投入那個環境及文化。面對遊客區購物中心陳列在貨架的物品，本地人找不到自己的身份。向旅客所推銷的「中國特色」，並非本地人所熟悉的、時而難以理解，甚至令人不快的「中國特色」。其實，如上述綠騎士的短篇所說，向旅客所推銷的「中國性格」，正是本地人感到疏離的源頭。尤其要提醒本地年輕人，他們於英國殖民地成長，但作為中國人則會有着一種無根的感覺。

出現大眾消費主義之前的生活

本地人之所以在遊客區購物感到疏離，部分歸因於他們的殖民地處境。遊客購物區屬於來自海外的其他人，而商販正是以這種「他者性」牟利，售賣紀念品和針對遊客市場的其他產品與服務。但對本地人來說，那些猶如外太空來的「中國文化」只會提醒他們仍身處殖民地。這種文化上的疏離感並非空穴來風，且與物質豐裕所造成的疏離感同出一轍：遊客消費所表現的財富與富裕，本地人

只能在造夢時才幻想一下。七十年代初以前，本地人購物和消費的情況跟現在很不同。除了購買日常用品外，購物和消費並非平民百姓慣常的生活方式。[8]

一份有關六十年代初期石硤尾徙置區背後的安置區狀況報告，有以下描述：

這裏有一條主要街道，兩旁有兩三層高的木屋或磚屋，地下那層全作商店舖面。這些店舖為住客供應大部分生活所需，由鮮魚到電視娛樂〔顧客花一毫錢便能在店舖看電視一次〕都有。（Hong Kong Institute of Social Research, 1965: 13）

這裏的大多數居民甚少有時間和金錢去玩樂。有時成年人給小朋友一元左右，讓他們每兩週或一個月看公餘場電影或看電視一次，而成年人則更少到戲院。（同上：72）

若將消費限制於若干範疇來定義，購買物品是為了應付基本需要，並從而得到文化和心理的滿足：

一般人對〔衣履〕的花費最欠缺明確的想法。大部分家

8　在一份於七十年代初期所完成的香港兒童及青年的研究報告裏（Jephcott, 1971），節錄了一些由《華僑日報》的青年讀者自行撰寫的（十四至十五歲期間）生活經驗，裏面差不多完全沒有提及消費。而該報告的討論與分析，亦無涉及消費活動。

庭花在衣履的金錢並不固定。如非必要，成年人很少買或做
衣服。真的需要置裝，男士大約花十元買西褲襯衣；而女士
則會買幾碼布料，由她們自己或裁縫師傅縫製成中國傳統的
寬鬆長褲和一件短大衣。

要花錢置裝，主婦唯一明確想到的，就是給小朋友買校
服。每一季，每位小朋友通常有兩套校服。小朋友長得快，
通常每年或每年半就要買新校服。最常見的做法是只為長
子或長女造衣服，而他們的弟妹則穿長兄長姊不再合適的
衣服。

有些家庭會儲蓄，留待農曆新年時買新衣服給小朋友。
買的通常是校服，而校服是大部分小朋友唯一所擁有具體面
的服裝。（同上：71）

可是，自六十年代中，隨着工業化所帶來的就業變化和香港
社會人口結構的轉變，消費文化的雛型逐漸形成，而這尤其是在
年輕一代的群體之中。1966年的中期人口普查顯示，二十歲以下
的人口多於180萬（佔當時總人口的50.5%）（Census and Statistics
Department, 1969: 17）。逾半數（53.8%，而1961年則佔47.7%）
的香港人口是本土出生，約八成人（準確點是81.2%，而1961年
則有79.0%）以廣州話為其日常方言，其餘則說國語或其他中國
方言。與此同時，從事製造業的工作人口升至39.4%，而近100萬
人（994,750）是非技術及工藝工人、傭工及半技術工人或技術工
人。工人階級的年輕男女，他們從青少年時期已開始工作，並將他
們大部分的工資給予父母作家用。例如，Salaff（1981）對香港女工

的研究指出，年輕女性即使因當工廠女工或從事服務業工作而經濟獨立，她們依然受到家庭的約束。儘管如此，這些有賺錢能力的年輕女工會為自己儲起零用錢，給自己在公餘時間享受一下自由的機會，去看電影或逛街，一點點的消費可視為她們為兄弟姊妹供書教學所付出的一點補償（同時可參考蔡寶瓊，1998）。正如Salaff對她一位受訪者的描述：

> 儘管惠娟的父親壟斷了家庭內的決定，但她覺得可以用自己的標準去衡量父親的行徑，不用像過去那般那麼認真的對待他……工作令惠娟擁有使用金錢的權利，可每兩週花最多十五元於個人的需要之上。每逢她七月的生日，母親給她兩塊錢買奶油蛋糕和叉燒與家人一起享用。而她也會掏四塊錢為自己買新的短上衣和鞋，這就是她夏季主要的置裝。
> ……
>
> 即使肩負沉重的工作日程和家庭責任，惠娟依然有多姿多彩的生活。某天傍晚，我們在維多利亞公園散步，她帶我看她常與星華一起玩滾軸溜冰的場地。之後，我們在露天茶座飲茶，俯瞰公園的五十米室外泳池之時，惠娟跟我說她正在學習游泳。（Salaff, 1981: 96; 106）

同時，從那些可以繼續升讀中學的青年之中，我們能夠觀察得到次文化正於年輕人中冒起，並表現於他們對服裝潮流的追隨。冼偉強回憶他如何得到人生第一條喇叭褲：

媽媽每天給我五元零用錢，除去上學的巴士費後所餘無幾，除了吃一包兩毫子的冰木瓜塊及一條腐皮串外，想買什麼也不成氣候。⋯⋯

記得真正擁有一條度身訂造的喇叭褲是在中三那年，拿着暑期工賺得的一百六十元由葵涌坐35A巴士到深水埗一幢唐樓的四樓，找了間朋友介紹的無招牌的裁縫店。⋯⋯

加上一雙人字拖鞋，它算是襯喇叭褲最好的鞋。（冼偉強，1997：23）

其他年青人則藉着本地戲院銀幕而接觸到荷李活電影中的世界、明星、本土偶像和時裝趨勢。當中不少人到本地戲院觀看下午五時半放映的公餘場，因那曾是年輕人放工後最普遍且廉價的娛樂（朱芷芳，1997）。

另一引起大眾對年輕人次文化的興起愈趨注意，在於青少年犯罪問題看似愈趨嚴重，[9]引起大眾對道德問題的焦慮。「阿飛」（所謂的不良少年）的現象令當時的香港人憂慮，因為「阿飛」的外表奇特、行為怪異，彷彿是「黑社會」的招攬對象。筆者所關心的不是這些穿牛仔褲或迷你裙的年輕男女是不是「阿飛」的問題，而是這個「阿飛」潮流反映了新興的消費文化的出現。當時大眾對「阿飛」的討論，反映出在年青人中的文化轉變：屬於他們的次文化在香港逐漸形成。那時候，本地偶像（如蕭芳芳和陳寶珠）成為了年

9　關於六十年代中期對青少年犯罪問題的回應，例子可見何中中（1966）。

青人心目中的角色、個性、形象的模範，代表着時尚的品味和生活方式。[10] 1966年九龍暴動的一連串示威和街頭騷亂，是由一名年輕男子反對天星小輪加價，進行絕食抗議，而一觸即發，這件事甚至令普羅大眾對年輕一代的社會和文化面貌產生更多疑問。殖民地政府對憤怒青年的暴力行為感到驚訝；暴動所反映的不滿，顯示了殖民地政府和它所統治的市民（尤其是年輕人）之間存在鴻溝。經此一役，殖民地政府鼓勵年輕人投入社會，把他們的精力轉移至所謂的正規渠道（例如參與政府資助的社會服務或各種康樂活動）。六十年代中以後，青少年服務不斷增強，這最能反映官方視年輕文化為一種威脅的想法。

新時代的標誌

從上述的社會經濟和文化背景，我們會明白海運大廈（於1966年3月22日開幕）對香港轉型為消費社會的象徵意義。海運大廈開幕，再加上同一時期內其他相關的發展（例如日本百貨公司的來臨），[11] 一起改變了本地的消費文化。海運大廈標誌香港「商場化」的來臨，並很快成為香港社會漸趨富庶的標誌。六十年代中，

10　見羅卡（1996）講述本地電影和年青人文化的冒起。

11　在本章，我主要討論海運大廈，但其他發展對香港消費文化的發展也相當重要。例如六十年代中期，大型日資百貨公司大丸百貨在銅鑼灣開業，這是「建設出現今銅鑼灣重要的一步」（Leeming, 1977: 99），也是香港日本百貨業的核心。大丸百貨雖然在1998年結業，但它使往後的香港零售業深受日本影響，大丸百貨成為香港零售業的地標。

香港正經歷一個由工業殖民地轉變為東亞金融中心的經濟轉型時
期。這座新落成的購物中心，代表走向社會發展的新階段，帶來一
批新一代的本地消費者。可是，亦有討論懷疑香港是否由六十年代
中期起漸趨富裕。Lim的分析頗為中肯，指出在六十年代：

> 購物依然是日常零星活兒，不像現在般是非官方的「國
> 技」。海運大廈（為海港城一連五座商場的其中一部分）是
> 香港第一代商店的典型。1966年海運大廈建於尖沙嘴的大
> 型碼頭，並在殖民地迅速發展的旅遊業和服務業成長。這可
> 在原來的租户配搭裏反映出來，那裏的相機、珠寶和名牌店
> 舖主要由從郵輪登岸的西方遊客或鄰近的酒店住客光顧。當
> 時，大部分本地人都負擔不起到這些商場購物，只能繼續在
> 傳統商店和街邊士多購買日常必需品。可是，海運大廈依然
> 重要，故它被選成為1967年無線電視開台，首度進行直播的
> 地點。（Lim, 1999: 17）

　　海運大廈裏面擁有112家商店，整項發展計劃價值7,000萬港
元，是當時香港「最大型的購物中心」（Department of Extramural
Studies, 1968: 116）。商場設施還包括「兩家餐廳，一家中菜廳，另
一家是西菜廳、四家酒吧、郵局、電訊局、旅行社、汽車維修和有
1,200個泊車位的停車場」（同上：116）。六十年代中期落成的海運
大廈，為日後香港於發展購物和消費設施上，訂立了新的標準。

　　Salaff在其香港年輕女工的研究中，描述了七十年代早期的香

港都市景象。對海運大廈做了摘要，形容它是年輕人約會或常去的熱點：

> 每年有數以百萬計的遊客從世界各地來香港，令旅遊業成為殖民地時代第二大工業。旅客的主要活動，就是到九龍（尖沙嘴）和維多利亞（香港島）鬧市的商店街購物，這些都是迎合來港三天的旅客的品味和需要的標準行程。當中以海運大廈的建築最為現代、最堂皇，且它正位於尖沙嘴的交通中樞。⋯⋯海運大廈就如城市的縮影，由三個廣場組成，四處都是商店、大型中西餐廳、咖啡廳，還有迪斯高、唱國語歌的跳舞音樂舞廳和有華人藝人和雜技表演的夜總會。⋯⋯不論老幼的中國知識份子，都會在迷人的巴西咖啡聚首一堂。那裏很好找，沿着連接海運大廈和海洋中心的走廊走便是⋯⋯我有幾個在工廠打工的華籍朋友和受訪者也會沿着海運大廈的走廊看看商店櫥窗，甚至在婚宴和重要日子，光顧裏面的中式夜總會宴會廳。可是，多數人都會在香港華人社區的小巷後街購買更便宜的必需品，而從不踏足海運大廈。不過，仍有不少好動的年輕人，會以海運大廈的正門口作星期天跟朋友郊遊和看電影的聚集地點。（Salaff, 1981: 124-128）

這段時間香港人正經歷六十年代中的暴動，日子動盪不安。這段時間也是土生土長的新一代成年的日子。他們學習逛商場和觀看櫥窗上的物品，也從中認識到更多有關時裝潮流的變化和時尚的消費品味。正如一位本地文化評論人所憶述，有關他對海運大廈在

六十年代中至七十年代初的回憶：

> 海運大廈原為遠洋客輪停泊上落的海港碼頭，但創意的地方，卻在其位於遊客購物區，與中環隔岸相對，跟火車站、巴士總站及渡海小輪等交通網絡樞紐為鄰，自成包羅萬有的遊覽消費聚會之所——名為遊客觀光所設，實則為本地普通大眾消閒所往的地方。我們今天慣遊太古廣場、時代廣場、太古城中心，乃至其他大大小小、星羅棋佈的購物商場，也許難以體會當年海運大廈對社會的衝擊和影響。但對於上一代香港人而言，首次踏足其中，幾乎就像廁身在一個夢寐以求的幻象世界那樣——走不盡的商店長廊、看不完的櫥窗展覽，到處都是五光十色、琳瑯滿目的高級和奢侈的商品和服務，只要能供得起價錢，不管是外國遊客或本地市民，名流顯貴及販夫走卒等，誰也可以即時投身於物質豐裕的環境中。這正好迎合了當年辛苦經營、斂財有方的一代的集體心態——他們從中漸漸領悟到金錢透過花費始見效用的原理，學曉了炫耀式消費的社會象徵意義，也同時得到了看與被看的滿足和自豪。……香港人從此習慣……模仿商品廣告形象中的生活方式，懷著「我消費，所以我存在」的心態，流連忘返在大大小小的購物商場中而不至生活苦悶空虛。（丘世文，1997：107－108）

對很多像當年的丘世文的年輕人來說，海運大廈成為了認識富裕新世界的舞台。年輕人透過觀看商店櫥窗、對想買的心儀物品做

白日夢，令他們開始意識到自己的身份。殖民地保守的社會和政治環境，對新興的年青人文化構成阻力。在購物中心的長廊漫步，年青人學會購物、消費，過着跟父母那代很不一樣的生活方式。他們開始在海運大廈裏認識外面的世界，超出香港的世界。海運大廈是遠洋郵輪泊港的碼頭，也是郵輪乘客出入境的地方。當時香港國際航空交通還在發展的初期，這促使海運大廈自然成為香港連接外面較富裕國家的象徵。

海運大廈除了是購物中心，也有旅行社及大東電報局。很多年輕人預約（長途）電話服務，在海運大廈（大東電報局）與海外親戚朋友通電話。還有電報機放置於海運大廈大堂，讓遊客得悉世界各地的最新消息，這猶如公眾展覽般，進一步顯示出海運大廈已與現代世界接軌，是接觸摩登文化的空間。同時像「美心」那樣裝修得美輪美奐的高級餐廳（據陸離〔1997：124〕的描述，是「使人喚起巴黎行人道上咖啡廳的影像」），為海運大廈營造了現代西方文化的氛圍。海運大廈之所以被視為瞭望外面與香港不一樣世界的「窗口」，不只因為它以引入外來品牌和專營旅客生意的商店為發展藍本，也因為它的設施和用途令本地人能享受嶄新、更富裕、更國際化的生活方式。

海運大廈也是年青知識份子聚會的地方，但這説法有點自相矛盾。一方面，如之前所討論，年輕人對購物商場為旅客而設的氣氛和所刻意營造的「中國色彩」感到格格不入。另一方面，同樣是刻意營造出來的所謂西方和現代的外觀，海運大廈卻令年輕人感到

輕鬆、閒適，甚至革新，使人想起現代而無憂無慮的景象。著名的
巴西咖啡就在海運大廈行人道旁的一家室內咖啡店，是很多年青知
識份子重要的聚會地方，之後這裏也成為年青知識份子和學運份子
畢生記憶的一部分。或許咖啡座本身並不很特別（關淮遠，1997：
22），但其樸實的裝潢，正是六十年代中至七十年代初咖啡座的格
局。巴西咖啡開揚的舖面，正為當時新款的設計，這已是其引人入
勝之處。它開闊的空間，既指店舖空間的寬廣，又指它可使人在心
理上放開，令年青知識份子將創意和別樹一格的文化與咖啡座聯想
起來。這裏亦是探究激進社會思想和政治的地方，尤其對殖民地的
地位、資本主義經濟所嵌入的社會不公平持批判態度的年青知識份
子。巴西咖啡是這群年輕而激進的知識份子的聚集地，一起討論政
治、社會和哲學思想、批判現存建制。根據關淮遠的憶述：

> 多年後聽人說，「巴西」是六十年代香港年輕文化人的搖
> 籃。嘿，那我也算得上一個「文化人」了！其實那時我並不
> 覺得那家有露台的咖啡店有啥文化氣息，只不過喜歡店裏那
> 種即使你喝一小杯而坐上半天也不下逐客令的態度和不停播
> 放的免費歐西流行曲罷了。……對我來說，巴西咖啡店可說
> 是創建與《70年代雙周刊》之間的走廊，或者說，橋樑。某
> 天下午，一個架着粗框眼鏡的高瘦個子大哥輩走到咖啡桌前
> 對我說：「你可是淮遠？我想你當我們的文學編輯。」這廝
> 是吳仲賢。就這樣，小弟居然有幸經歷了中文運動、保釣運
> 動這些在八十年代和九十年代都不復見的成長催化劑。（關淮
> 遠，1997：22）

　　海運大廈現代而西化的外觀，讓這個地方有多重意義。雖然在大眾心目中，海運大廈是大型購物中心，服務本地有閒階級和海外遊客，但它不只是另一個高級消費的地方；這裏可令人感受到現代和西方的生活方式。充滿現代氣息的海運大廈令人釋放，這裏是年輕白領和工廠工人於假日經常出沒的地方之餘，亦如前所述，巴西咖啡也是年青知識份子藉辯論尋覓哲學和政治啟迪的文藝沙龍。海運大廈自由開放的氣氛不是來自商場本身的設計，它的多重意義是由商場遊人所賦予的。除了購物和消費以外的意義，海運大廈還給大眾知道它是香港連接世界各地的跳板。

　　其實，如之前關淮遠所述，不是海運大廈的建築本身帶出這種舒心開揚的氣氛，而是由年青人自己——有些批判殖民地主義和資本主義的學運份子，有些如年輕白領對個人前途感到迷茫而同時亦對現狀的種種障礙感到不滿，嘗試尋找另一種生活體驗——積極營造海運大廈的文化和社會氛圍。六十年代中至七十年代中期，香港土生土長的、成長經驗與他們在中國大陸長大的父母截然不同的青年積極尋找自己的身份。六十年代中先後發生的兩次暴動，揭露了香港社會裏的社會張力和政治衝突，一次是反對天星小輪加價而引起的示威抗議，另一次由中國大陸文化大革命的意識形態所觸發的政治衝突。這兩次暴動，令年青人再次思考身為中國人但又在英國殖民地長大的經驗。學生運動（見Leung, 2000）和文社及其他文化組織（見吳萱人，1998）的出現，代表着對這些新身份的追求。對不一樣事物的飢渴，不論在咖啡店出沒談論法國電影或激進的社會思想，還是追逐代表現代性和富裕的外國名牌貨品，都讓年輕人以

不同的目光看海運大廈，而這目光不會在他們其他生活範疇找到。
年輕人不住地、渴望尋求新標誌、新樣式和新生活方式來表達他們
所關心的問題與處境。商店櫥窗裏的新穎且不同的擺設，展示了另
一種生活方式（雖不一定是政治和意識形態的替代品）。在這樣的
社會狀態下，他們的消費有着豐富的象徵意味。

　　海運大廈作為高消費場所和連接世界的窗口，在香港進一步
走向富裕的過程中，這獨特的色彩逐漸淡化了（Lee, 1982）。我們
在七十年代見到，更多是針對本地消費者而建的購物商場（Lim,
1999: 17）。愈來愈多商店和購物中心在香港不同角落開業，由坐
落主要商業地段的大型商場，到公共屋邨的巨型綜合購物中心。這
使購物中心按其貨品的品牌與地位、顧客的階級背景，以及商場的
建築來劃分等次。「商場化」的工程從此四處可見，海運大廈快速
成為這龐大工程的一部分，海洋中心將海運大廈與海港城購物商場
連接一起。往後的「商場化」工程，以於主要商業區的地鐵站上蓋
興建的中環置地廣場的開幕（1980年）為里程碑。隨後還有太古城
中心（1984年），當時太古城是一項由船塢改建而成的新且大型中
產階級住房建築計劃。「商場化」的工程亦不限於市區主要地方，
隨着新市鎮發展，新界亦興建新的購物商場（例如沙田的新城市廣
場）；甚至是公共屋邨的工程，政府亦將興建購物商場納入整體社
區發展規劃的一部分。例如，樂富購物中心二期（1991年）是重建
公共屋邨時，將已有的購物中心擴建而來的。這例子正好顯示，政
府對公共屋邨居民的社會經濟地位和生活條件的看法有所改變。政
府不再視公屋居民來自貧窮的工人階級住戶，反而視他們為新購物

商場裏，富裕的、花得起錢去過更好的生活的潛在顧客。

　　從八十年代末起，大型購物商場不斷落成。冠以香港頭號購物中心之名，容納眾多世界知名品牌商店的太古廣場於1988年開幕。設有室內過山車的西九龍中心於1994年開幕。這張長長的購物商場落成名單，其後又新增了時代廣場、荷李活廣場和又一城等等。這些購物商場迎合新一代之餘，亦已按商店的等級和顧客的購買力劃分，等級分明。國際品牌進駐一家又一家大型商場，佔據主要地段來推銷商品。這些品牌的銷售決定了商場的生與死。花得起錢又對時尚潮流愈加在意的本地人，[12] 在七十至九十年代成為了這些商場的主要顧客。八十年代初，本土中產階級是香港正值冒起的社會階層（Lee, 1982；呂大樂、黃偉邦，1998），他們對維持優越的生活方式更為在意。因此，他們成為了主要的推動力，吸引全球著名的品牌在香港開設零售店。隨着香港的購物商場、中心愈來愈多，現在商場已非僅存於遊客區，而是深入香港每個角落。時至今日，大部分香港人的購物經驗已是來自這些大型購物商場了。

　　不過，在2003年之後，大量來自大陸的「自由行」觀光客和消費者湧至，又為香港的消費建築與城市環境，帶來了新的衝擊。

12　陳冠中的〈Affluent, but Not Rich〉（1986：85–88）是一篇有趣的文章，反映了
　　年輕中產在富裕的八十年代對品味和生活方式的自覺。

小結

曾幾何時，在消費地段購物，像六十年代中至七十年代初的海運大廈，是疏離又解放的經驗。年輕的本地消費者到那些為觀光遊客而設的購物區消費，不單感到疏離，亦對自己的文化身份存疑。但同時，年輕人又能在那些購物點發掘出消費的自由，以及那些公眾空間裏嘗試尋找另樹一格的生活方式。在舊日殖民環境裏生活，購物商場可以為年青一代提供一種心理上的空間，接觸摩登之餘，更可想像一下香港以外的世界和另一種生活方式的可能。重讀這段年青人文化和消費的歷史，並非為購物商場的出現增添浪漫色彩，而是想説明在當時的殖民環境底下，消費可有另一層意義。當然，我一再強調的是，並非海運大廈營造了自由的氣氛，反而是年青人為商場帶來一些有趣的文化元素。

消費空間是當代城市生活的重要一環。從六十年代中期開始，香港走上了「商場化」的發展，消費由外來遊客的少數玩意，轉變為本地市民大眾的日常生活的一部分。今天，面對每年二三千萬的內地觀光遊客湧至，消費空間的文化意義，跟身份認同的關係又再成為一個話題。重新檢視過去四五十午的香港歷史，頗有意思。

第六章

矮化的公民概念：
生活秩序與民間公共文化[1]

（與呂青湖合寫）

導言

　　香港社會在七十年代所經歷的一項重大轉變，是它成為了生命共同體，除在市民大眾中間形成了一份認同之外，還在社會層面上出現了一種新的秩序。從某個角度來看，那套社會秩序其實並沒有什麼很特別之處；市民開始重視秩序（表現於他們懂得排隊的公眾行為）、大致上不爭先恐後、不亂拋垃圾、不隨地吐痰、講求衛生等，這些絕非香港所獨有的一種公德及秩序。但從另一個角度來看，這也是香港人在七十年代逐漸感受得到，在彼此之間開始存在的一些共有的生活元素。我總覺得，要了解香港本土認同與意識的形成，不能忽略上述社會秩序及其帶來的生活經驗。

　　那種覺得香港社會逐步成為生命共同體的感覺，並不止於公共秩序與文化的形成，同樣重要的是一般人對其他共處於這塊殖

1　本文擬為提交第五屆「香港文化與社會」研討會的講稿。

民地的香港人，開始抱着一種新的態度。在社會救濟、福利、服務方面，這表現於無償捐血逐漸在本地華人（尤其是年青一代）之中變得普及，令血庫走上自給自足的狀況（呂大樂，2000）。另一個例子是公益金百萬行（1971年開始），參與的市民既是捐款人，同時也參與勸捐，身體力行之餘，也要說服別人這是一項有意義的公益活動（參考呂大樂，2010）。1972年「六一八雨災」，市民積極響應救災，其象徵意義在於香港已不再像以往般需要依靠海外物資救援，而是社會內部亦開始形成一種自發參與救濟的社會力量。到了七十年代末，「歡樂滿東華」以一件媒體上的慈善盛事的形式出現，能深入社會基礎，普羅大眾共同參與大型公益籌款，象徵香港市民（包括生活條件一般的公屋街坊）願意為自己社交圈子以外而有需要的人，出錢出力，伸手援助。

　　具體上，究竟這種社會秩序及相關的公德概念是如何形成的，我們所知甚少。限於資料的性質，本文的討論與分析恐怕亦不可能直接回應這個問題。這一種在七十年代逐漸成型的公共行為與文化，雖然並非當時港英殖民地隻手所促成，但必須承認「清潔香港」和「撲滅暴力罪行」兩次大型社會動員，的確產生了一些效用。那兩次運動的特點，是它們並不只是宣傳與教育的工作，而是殖民政府自覺有需要走進社區，以社區參與（community involvement）的方式來進行動員。不過，有趣的是，基於殖民政府的種種限制（例如對於釋放政治權力，特別小心翼翼），那些社會動員的過程與效果，總是存在種種自我矛盾（例如既要鼓勵投入和參與，但又不容許活動溢出其原有的範圍或轉化為政治訴求）的地

方，以至那種市民的動員，不會進一步發展為一種全面的（包括政治參與的及社會方面的權利）公民權（citizenship）及相關的意識（Ku and Pun, 2004: 4-5）。[2]我們感興趣的問題是：在當時的殖民統治的框架底下，政府會鼓勵發展出哪一種市民觀念。

我們一再強調，由於資料所限，我們無法直接了解香港市民的主觀感受及看法；究竟當年他們是怎樣看待殖民政府推動「清潔香港」和「撲滅暴力罪行」兩次大型社會動員，我們未有深入了解。我們在本文所打算做的，是將當時殖民政府在推動上述社會動員時的一些考慮呈現出來，並且討論那種社區參與、社區建設的局限。不過，儘管那種由殖民政府所推動的社區參與、社區建設的政治過程並不會導致全面的公民權的出現，但對建構關於「公」的、市民責任感的概念，卻看來有一定成效。在殖民政府所推動的那種有限度的公民權及公民意識之下，香港市民似乎發展出他們自己的一套，一種民間的公共文化，並且促成了一種新的公共秩序的出現。要直接探討這個問題，需要另一個以完全不一樣的方法來進行的研究。我們在這裏所能做到的，只是為了在相關議題上提出新的假設之前，有所準備而已。

2　這種既想鼓勵社會參與但又不容許超出於限定範圍的情況，同樣見諸殖民政府處理青年事務之上，參考吳萱人（1997）。

走入社區

社區建設或類近的概念，並非六七十年代以後才出現的新生事物。早在1954年，香港政府的社會福利主任的報告便有提到社區發展（community development），其意思大概是指當時政府推動成立的街坊福利會（Lam, 1993: 23）。而在第一份有關社會福利的白皮書──《香港社會福利工作之目標與政策》裏，亦有將社區發展列為社會服務之其中一種，其「目標在於鼓勵及協助個人及團體使為所屬社區及整個社會共謀福利」（香港政府，1965：2）。當然，正如很多批評所指出，戰後初期的殖民政府根本就沒有一套社會發展的完整想法（周永新，1980：32－35），對社區發展的理解更是相當狹窄，不能跟後來所提出的類似概念相提並論。

不過，話雖如此，當時港英殖民政府在《香港社會福利工作之目標與政策》裏所表達的觀念，是值得留意的。首先，那是在一般及抽象的層面上，殖民政府在六十年代所考慮的問題，跟後來的沒有太明顯的分別。基本上，它主要的目的在於協助居民適應新環境，發展認同感，彼此和睦相處，令他們負起對社會的責任。[3] 如果說當時的構思有何特點，那恐怕是殖民政府其實無意視社區建設為優先項目，甚至活動經費也期望由參與者自付：

3　在「世界難民年」的推動之下，香港政府獲美國政府及英國世界難民年委員會的經費支持，先後於黃大仙、荃灣、觀塘及大坑東開設社區中心。社區中心之設立主要是回應大量來自中國大陸的難民，他們多住於第一、第二型徙置區，社區設施與服務可幫助適應香港環境，融入社會（蕭鄒婉儀，1994：182）。

協助團體及社區，使其中個人及家庭從互不相干之關係中聯繫起來。居住在「新城市」及徙置大廈的居民，缺乏自然聚結力，所以亟應啟發其屬於同一社區的感覺，使在新環境中感到安適，而逐漸成為安定的單位。新城市與正在萌芽發展中之社區，例如徙置區等，一經成立，即應開始建立社區精神的工作。……使新遷入者與當地人民融和相處，而使人數眾多之新社區趨於穩定，為啟發居民對社會負起責任之精神，在有社區服務之處應鼓勵彼等參加、組織及辦理各項活動，並付出活動所需之經費。（香港政府，1965：8）

事實上，殖民政府在那份社會福利白皮書裏所強調的觀點，是「依照中國之傳統，凡因貧窘、過犯、疾病或天災等而有所需求之社會福利措施，均屬個人問題，至少在理論上應由其家庭或在必要時由其家族負責」（香港政府，1965：4），而政府的立場是「盡力支持與鞏固這種『家庭』責任感」（香港政府，1965：4－5）。從政府的角度，當時香港的社會狀態是：「香港人士所組成之社會並非渾然一體之社會，亦不具備由演進而成，又為大眾接受之各種傳統與價值，俾有效解決都市之福利問題，同時大部分人均須在擠迫環境之下求生，鮮有餘力應付其他。」（香港政府，1965：4）而所謂的社區建設的重點，只在於幫助市民（當中不少是移民）適應環境，提升社會整合，而尚未發展出對市民積極參與的期望。

從這個角度來看，七十年代初的「清潔香港」及「撲滅暴力罪行」兩次大型社會動員是殖民政府的新嘗試。垃圾、公共衞生、

治安都可以說是香港社會的老問題，所以這裏所講的「新」，在於
政府處理問題的方法。以「清潔香港」為例，早於1949年市政局便
曾經舉行Anti-Litter Week，然後在1959至1964年有Keep Your City
Clean運動，而1965至1971年則是Keep Your District Clean運動。[4]有
見於新加坡的清潔運動十分成功（政府代表曾於1969年及1970年兩
度前往考察），於是港督戴麟趾在1970年年底於立法局發言並且指
出問題，稍後成立了「全港清潔運動委員會」。「清潔香港運動」
正式在1972年展開，而開幕儀式則由當時到任還未夠一年的港督麥
理浩來主持。

　　一改過往以零散的工作與宣傳來推廣清潔和公共衛生，「清
潔香港運動」是以一個全面的運動的方式來進行。政府投入的活
動經費是450萬元，動員了十三個政府部門協助推行該運動，反垃
圾隊增加至四十八隊，垃圾箱亦由全港4,123個增加至19,764個等
等。「政府為了顯示他們對是次運動的支持，更首次動員全港公務
員參與該活動，港督亦已分函政府各機關首長，要求他們對此次

4　有關「清潔香港運動」之發展，以下的討論以HKRS 337-4-5396: "The 'Keep
　　Hong Kong Clean Campaign' and its Problems (Speech delivered by Dr. Denny
　　M.H. Huang to the Kowloon Rotary Club on 4th May 1972)"、HKRS 337-4-5396:
　　"The 'Keep Hong Kong Clean' Campaign: Its Background and Development,
　　11th January 1973"、HKRS 684-5-82: "Towards a More Responsive Society (Text
　　of a Speech by the Deputy Secretary for Home Affairs), 8th August 1973" 及周淑
　　健（2006）為參考。

運動予以合作。」(周淑健,2006:46)[5] 除人力、物力之投入外,
「清潔香港運動」的推行亦包括相關法例的訂定,以加強政府檢
控「垃圾蟲」的能力。[6] 不過,最重要的一環,還在於社區參與。
「從規劃最早階段開始,便意識到全面的社區參與的需要。政府
可以而且已經做了的是供應人手、器材、交通工具及所有財政上
的支持,令運動發展起來。但假如沒有從草根由下而上的,社區
內每一位人士很實在的支持,則一定不太可能達至此運動的組織
者所爭取的成效。」(RSHK 337-4-5396:"The 'Keep Hong Kong
Clean' Campaign: Its Background and Development, 11th January
1973")「清潔香港運動」的創新之處在於將社區動員和參與也包
括在內。

「清潔香港運動」的社區參與乃通過民政署的系統來發動,將
全港劃分為七十四個推行運動的地區,平均每區約有45,000人。配
合那七十四個推行運動的地區,每區設立一個由二十至二十五名市
民所組成的分區委員會。後來,在分區委員會之上,又成立十個民
政區委員會,由分區委員會的主席、其他地區領袖及政府部門代表
所組成(詳見So, 1975: 20-21)。在這個架構底下,最基層的單位是
互助委員會(簡稱互委會)。互委會以大廈為組織單位,最低限度可

5　當時的盤算是公務員約有十萬人,再加上其家人,整個隊伍佔全港人口的八分之
　　一。所以,只要發動起來,應可影響社會上其他市民。見HKRS618-1-548: "From
　　Colonial Secretary to All Civil Servants, 26th August 1972"。

6　當中關於市民在其居所的二十呎範圍內負責保持清潔及將垃圾清除,涉及市民所
　　須負上的責任,曾引起過爭論。

由三人（主席、祕書及財政）所組成，但他們必須得大廈內不少於20%居民（業主或租戶均可）認可。由1973年開始展開組織工作，至年底已成立1,217個互委會，翌年再增至1,575個（So, 1975: 21-22）。

　　緊貼着「清潔香港運動」而推出的，是「撲滅暴力罪行運動」（1973年年中）。殖民政府之所以推出兩大運動，一方面是回應民間的憂慮（尤其是治安問題）及關注的問題（如環境清潔及公共衛生），另一方面是它的領導層視此為建立市民對政府的信心的重要工作。在推動「清潔香港運動」的過程中，Forsgate便向政府反映意見，表示「……清潔香港運動之成功，對在公眾心目中建立政府於處理環境衛生方面有無可靠和有效的領導能力，至為重要」（HKRS 337-4-5396: "Forsgate to Norman-Walker, 17th May 1972"）。而在推動「撲滅暴力罪行運動」的過程中，麥理浩親自發信給民政司陸鼎堂（Donald Luddington）爭取全力支持，並指出：「我毋須向你強調公眾對暴力罪行的深切關注，或它對政府信譽的重要性。明顯地這要求政府部門與公眾之間一次重要的合作，藉此嘗試並改變目前的趨勢。」（HKRS 684-5-83: "MacLehose to Luddington: Fight Violent Crime Campaign, 14th May 1973"）對殖民政府而言，這兩個運動是在民眾之中建立對政府的信心的重要工程。[7]而要做到這個效果，殖民政府決定進入社區。

7　關於憂慮市民對政府缺乏信心，同時政府在他們心目中信譽低落的問題，是港督戴麟趾離任前所提出的問題，見第七章的討論。從這個角度來看，我們可以理解為何戴麟趾會有興趣參考新加坡的經驗，並開始籌備「清潔香港運動」。

不徹底的社會動員

　　究竟應該如何評估「清潔香港運動」和「撲滅暴力罪行運動」的效果與成績，這不容易找到一個一致公認的答案。如果説它們移風易俗，大大提高了香港人的責任感及公德心，我們不敢確定這兩次運動是促成改變的唯一的和獨立的因素。[8]但在生活經驗層面的認知，我們在七十年代又確實可以感受得到一些老習慣開始改變，而一種對公共生活及相關秩序的觀念亦開始形成。至於殖民政府方面，它在兩次大型運動之後，更為自覺的去發展社區參與。這明顯地表現於麥理浩在1976年10月所宣讀的施政報告：

> ……我們的目標，是建立一個不會產生壞份子的社會，一個市民互相關懷和具有責任感的社會。我們的社會計劃正是向這個目標邁進，因為如果社會不關心市民，市民自然也不會關心社會。（香港政府，1976：15）

而在他的社區參與和組織的工作上，互委會佔上一個重要的位置：

> 成立組織完善而工作積極的互助委員會，由居民選出委員，互委會可隨時與有關政府部門接觸，尋求意見及協助。……政府不打算在這方面獨斷獨行，因為硬性組織或千篇一律的

8　人口結構轉變和土生土長一代的成長，肯定是必須考慮的因素（呂大樂，2000）。

方式並無好處。同時採用多種不同的途徑和形式，反而會有
更佳的效果。……我們的理想，是以各住宅樓宇及工業樓宇
的互助委員會、街坊福利會及較大區域的分區委員會為基
礎，由民政主任、社區及青年事務主任和康樂體育主任執行
日益擴大的服務計劃來加以支持和協助，共同達成這個目
標。這些工作統由民政司及其屬下工作人員協助、調配和指
導。（香港政府，1976：15）

通過成立互委會及建立一個以地區為基礎的政府與社會接觸和
溝通的架構，港英政府先後針對社區整潔和打擊暴力罪行的問題，
進行了社會動員。而麥理浩是有意進一步鞏固這個基礎（第七章將
有更多有關的討論），並以此作為殖民政府與民間社會之間的新的
連繫。

可是，任何人只要細心觀察，便不難發覺那以互委會為基礎的
社區建設和社區參與，有相當明顯的弱點。在評論1976年施政報告
中的社區建設與組織的概念時，馮可立（1995：24）點出了它的行
政管理取向：

在缺乏強大的精神號召力量之下，社區建設政策轉向微觀層
面的發展方向。它只是確定了互助委員會的存在價值及功
能，訂定了社區及青年事務主任在推展公民教育時的責任與
角色，以及確定教育司署的康樂及體育事務組提供康樂及體
育設施任務等等細緻的行政協調關係。這個政策的效用，只

是增強了市民與政府溝通的機會，使市民對政府的種種措施
有多些了解，減少不必要誤會。

而在社區參與的意義上，「政府既無意於在市民之中提高民主
政治參與的精神，亦並非視社區建設為一個鼓勵市民決定他們的需
要和就此進行工作的過程。社區建設更似是一種從上而下，由政府
高層所制定，而交到下層去執行的政策。官民之間的合作只是達成
政府所訂定的目標的手段。」（Lam, 1993: 35）[9]

最為有趣的是，當時港英政府亦十分自覺，要深入基層來推動
社區建設，很有可能會自行引爆一些社會問題，並且造成令政府尷
尬的處境。以下所節錄的，是一段民政司不能向分區委員會透露和
不可印刊的指引：

由於管理問題以私人房屋最為嚴重，民政主任、新界政務專
員及地方委員會應集中其力量，在私家樓建立互委會。如果
有足夠人手的話，他們亦可在較新的公共屋邨（即三至六型
的前徙置區、前廉租屋或房委會的公屋）內鼓勵成立互委
會。第一及第二型公屋因其一般狀況及缺乏社區設施而特別
難處理。而有一種感覺是到那些公屋去成立互委會，很可能
會適得其反，成為令人尷尬的因素，而不是一種資產。所

9　那種由上而下，凸顯政府主導，旨在吸納和利用的發展，是限制互委會有進一步
　　發展的重要因素。參考Fung（1978）、So（1975）。

以，雖然假如有一群居民接觸民政事務處時，他們應得到一般情況下的支援，但民政事務處及分區委員會實不應主動在那些公屋發展互委會。（HKRS 684-5-82：“Secretariat for Home Affairs, 12th June 1973”）

到了1975年，當時已有超過1,600個互委會，政府開始分析其現狀與未來。在一份題為「互委會之未來」的文件裏（HKRS 488-3-37: “The Future of MACs, 25th July 1975”），內容顯示當時政府已留意到一些現象和問題。舉例：互委會與業主立案法團之間存在不同的意見與取向，而政治滲透（案例是一名市政局議員嘗試尋找互委會的支持，簽名爭取恢復執行死刑）、互委會有機會成為壓力團體、互委會之間有可能組成聯會等現象，已在討論之列。當中最有趣的是如下兩點。一是關於互委會的問題，除上述列舉的之外，該報告還指出互委會的成員開始有一種身份意識，「較以前花更多時間於一些儀式及活動之上，即是他們傾向於*向外爭取社會地位，而不是向內了解現存問題*。……正如一些喜歡曝光的志願團體所經歷，對風頭及知名度的着迷，會削弱互委會在提供全面的互助服務的效能。這可能是缺乏新的目標的其中一種間接後果。」（同上，斜體乃原文所有）二是政府在推動互委會時的不足之處，該報告指出，「假如民政署於1973年最初成立互委會時不是純粹追求數量的話，大多數問題或者是可以避免的。要互委會有更強的領導能力、減少受三合會滲透的機會，最有效的方法是在成立階段小心照顧，重質而不是重量。」（同上）

翌年在另一份檢討互委會發展狀況的文件上，互委會的組織問題再次受到關注：

> 雖然理論上只要取得建築物內20%居民的同意，便可以成立互委會，但今天在前線的工作經驗，是沒有一個互委會是以低於50%居民同意情況下而成立的。不過儘管如此，很多互委會並未能引起熱情的反應，亦未可以得到居民對他們的工作長期合作（例如鄰舍巡邏更隊的人手）。結果是大部分工作（從中所有居民均會受惠）落在逐漸減少的人身上，挫敗感浮現，而那類互委會有可能逐步減少投入，以至變為冷感。這種情況有可能滋生其他更嚴重的問題，例如互委會為領袖所濫用或為顛覆/犯罪份子所滲透的風險有所提升。……（HKRS 488-3-37: "Review of MACs, 26th March 1976"）

更值得注意的是，殖民政府在政治方面的考慮，就更是小心謹慎：

> ……公屋居民的單一背景亦會促使他們形成挑戰建制的統一陣線。a) 結盟的趨勢：房屋署長對成立以座為單位的互委會，或該等座互委會串連起來而成立處理聯誼及康樂活動的全邨居民委員會，不會提出異議，但他肯定不會期望互委會聯合起來而成為一個大型的團體，自稱可代表以萬計的居民有關房屋管理方面的利益。雖然公屋居民的背景的劃一性為結盟提供了共同的基礎，但過去互委會並未有表現出有這樣的意圖，或者這是因為受到民政處的工作人員主動勸阻所

致。事實上早已存在於民政處下面地方委員會的大型諮詢系統，是另一個令人覺得沒有必要成立互委員的聯合組織的因素。b）政治野心：跟聯盟這個意念相關的是，互委會宣稱有其代表性的地位。民政處並不鼓勵這種態度，而這亦因互委會於個別組織或作為集體的層次上，並非每一項地方或政策的題目都得到諮詢，而進一步削弱了它們的身份。假如真的出現一個聯會，互委會的聯盟有可能在地區層次或社會上的影響力，跟街坊會或鄉議局的相若，能發揮一定的影響力及權力。以目前的情況而言，互委會並未能表現出一種超出其社區的政治野心。c）壓力團體：儘管互委會本身並非壓力團體，但它們有可能自發地在地區問題或可能性略低的在一般利益（例如彩虹及高超道場外投注站事件、加租、電話費／公共服務／交通費加價等）採取一種強烈的反建制的立場。互委會具備成為壓力團體的潛質的價值，在政府以外的團體（如社區組織協會、楊震服務中心、鄰舍輔導會）早已有所認識，而它們亦有落在這些組織手上或遭操控的危險。皇家警察的清除工作應可阻止激進人士成為互委會的幹事，但他們仍可於幕後發揮對互委會的影響。如果房屋署不先進行工作，填補這個空間的話，則激進份子有機可乘，成立他們類似互委會的組織。（同上）

事實上，以上所講並不只是殖民政府的一些憂慮那麼簡單。在實際操作層面上，殖民政府也絕不想街坊、市民產生誤會，對他們的政治身份和角色有過高的期望。所以，在分析互委會的政治價

值時，殖民政府肯定它們在「推銷政府政策及收集社會的回應上至為重要」。不過，「同樣重要的是避免將此『制度化』或『正規化』，並納入恆常的溝通渠道，以至默認了它們是具代表性的意見組織。雖然無人會反對經常以互委會來傳達政府信息，但它們最好是不定期或輪流作為測量市民反應的平台來使用。」（HKRS 488-3-37: "The Future of MACs, 25th July 1975"）簡而言之，殖民政府本身對互委會於組織層面上所可能出現的政治成長，亦小心翼翼，諸多提防。

矮化的社區參與

七十年代香港社會的政治封閉程度基本上限制了互委會作為基層社區參與組織的進一步發展。殖民政府不單無意推行民主化，連將部分權力下放或確認互委會作為基層代表，亦甚為抗拒。它想做到的，只是市民通過社區參與來協助它的行政管理。

殖民政府在這方面的立場，可見於它分析市民參與「撲滅暴力罪行」中的角色（HKRS 684-5-71: "Report on the Working Party on Community Involvement Against Crime, 7th February, 1973"）。在該文件裏討論到政府在對付暴力罪行的過程中，它可以期望市民如何協助其工作。對公眾的要求和期望方面，是「表現出一份市民的責任感（civic responsibility）」，而較詳細的說明是：

鼓勵本地居民有一份市民的責任感，乃政府一向的目標。但

要在香港做到這一點，則有一些眾人皆見的困難。一些困難
已由學校的公民教育所克服，不過進展緩慢。清潔香港運動
亦已在民眾之中，培養出一種圍繞着垃圾問題的一份市民的
責任感。一個針對暴力罪行而跟清潔香港類似的運動，應以
進一步鼓勵這種市民的責任感為目的。

殖民政府所期望的，是提高市民的責任感之後，不會有進一步
的政治要求。那是一種由上而下和有組織的參與。「清潔香港」和
「撲滅暴力罪行」兩次運動的特點，是以大型社會動員的方式來提
高市民的責任感。這是七十年代之前所未見的。至於其真正成效，
尚有待深入研究。我們初步的觀察是，香港市民絕非照單全收。事
實上，差不多跟那兩次社會動員同步發生的，是本地的城市社會運
動（呂大樂、龔啟聖，1985）。殖民政府從來不能將市民參與完全納
入其官方渠道之內。至於從七十年代開始於香港社會所形成的公共
文化與生活秩序，有多少是官方動員的結果，有多少是民間自發的
回應，值得好好了解和討論。

第三部分

麥理浩時代

在未有一次系統的檢驗之前，「麥理浩時代」已被捧為一段「黃金歲月」，差不多理所當然的視為昔日美好時光。到了今天，這個神話還在流傳。（詳見本書第七章）（照片來源：《1980年香港年報》）

1971年4月，香港大學約一千名學生在校園內示威，抗議日本侵佔釣魚台列島。（照片提供：高添強）

本來在七十年代初還是半空白的香港社會研究，到了八十年代漸變得熱鬧起來。（詳見本書附錄：閱讀香港社會）圖為七十年代初，香港街頭上家長送孩子上學。（照片提供：蒙敏生）

「麥理浩時代」的殖民性[1]

在很多香港人的眼中,七十年代等於「麥理浩時代」,而「麥理浩時代」亦等於七十年代,兩者差不多畫上一個等號。[2]不過,正如我在第一章裏指出,市民在1974年或以前對香港社會的感覺,跟後來的就很不一樣。所謂七十年代,並非一個單一的時期,當中民眾對自己所身處的社會的主觀感受,就是在前期與後期之間,發生過重大變化。現在,一般香港人所談論的七十年代,基本上是指1974年以後才慢慢形成的一種對香港社會的看法、感覺。

對於「麥理浩時代」(即麥理浩於1971年11月至1982年5月期間出任總督的港英管治時期),市民大眾對它有一種相當正面與良

---

1   本文改寫自兩篇文章。首先,是原來在第三屆「香港文化與社會研討會」(2008年舉行)會上的發言,後經修改並訂稿為〈在倫敦與香港之間:「麥理浩時代」的殖民性〉。該文收於呂大樂、吳俊雄、馬傑偉編:《香港‧生活‧文化》(香港:牛津大學出版社,2011)。第二,是參加Bristol大學舉行的 "Britain and China: Past, Present and Future" 研討會(2011年舉辦),以 "Mind the Gap: Managing Political Inclusion in Hong Kong in the 1970s" 為題的會議論文。

2   Moss(2006: 175)就這樣形容「麥理浩時代」:「那是較香港歷史上任何一個時期都要更密切的以某一位總督為認同基礎的年代」。

好的感覺。必須承認，這些正面的評價和良好的感覺，並非事過十多二十年之後才建構出來的：麥理浩是香港殖民史上二十八任港督中任期最長的一位，曾兩度獲准延任港督，任期達十年零六個月之久。當年在擔任港督期間，他的施政在香港市民心目之中留下深刻印象，獲社會各界的熱烈支持。[3]在他離任之前，連新華社香港分社社長亦特別設宴餞行（張連興，2007：328），可想而知他是相當面面俱圓，取得社會上不同界別的廣泛支持。而社會大眾及各界對他的支持，有其社會物質基礎。如我在上一段所指出，香港社會在上世紀七十年代發生影響深遠的民意轉向，一改過往對殖民政府的看法，對社會產生歸屬感，很大程度上是因為該時期正是社會上很多人視為香港走上安定繁榮之路的開始（呂大樂，2007；Mathews, Ma and Lui, 2008）。所謂「家在香港」的想法，也是在這段時間逐漸形成；在「借來的時間」底下，於「借來的地方」討生活的「難民心態」，到了七十年代發生了重大的轉變。一份對香港的歸屬感，再而發展為一種認同，關鍵時期也就在於麥理浩當港督的一段日子。現在，不少港人回望港英殖民統治而感懷身世，亦多以這個時期為社會背景。戰後香港社會慢慢由一個移民暫居之地演變為一個具備歸屬感和文化認同的共同體，轉折期發生在這個時期。[4]

3　可見於輿論對他獲准延長任期的反應（章嘉雯，1983）。

4　香港社會作為一個共同體，有過兩次重要的轉變。第一次是發生在二十世紀初期，這表現在人口結構的轉變，尤其是見諸於女性人口於二三十年代的上升（以至男女比例變得較為接近），參考Census and Statistics Department (1969: 13)。再加上兒童及少年人口的增加，反映出當時香港已不再是一處年青男士單身到來打工，只待幾年便回鄉的地方，而是移民工人也開始考慮將在鄉下的家人接來香港居住，或就在這地方成家立室。同時在社會上，一份歸屬感也開始成型（Carroll, 2007: 90；呂大樂，2010b：30－35）。

　　以當代香港的社會史來看，「麥理浩時代」是過去幾十年裏歷久不衰的一個神話。它並非單純是殖民政府的思想工作、政治灌輸的後果，又或者只是一種論述的建構，而是實實在在嵌於香港人的生活經驗，建基於具體的社會變遷之上的意識形態。它讓各種背景的社會人士都可以在它身上各取所需，繼而發展出各種不同的論述。[5]這種文化意義上的神話的威力，在於令人理所當然的以為，他們對於那個時期香港社會不單有着共同的理解，而且還相信那就是當時香港社會的真貌。這種想法限制了我們反思的空間，同時壓抑了某些反提問及批判的可能。正是針對這一套「麥理浩時代」的神話，本文嘗試以檔案文獻為基礎，討論和分析「麥理浩時代」中較未為人廣泛注意的另一面——它的殖民性。

　　無論是一般市民或者學者，往往都會（應該説是過份地）凸顯了港督麥理浩在七十年代香港社會的角色。他經常被視為一位憑着他一己之力將形勢扭轉過來的人物（例如Jones, 1990: 210），是把香港社會推向一個新的階段的政治領袖。麥理浩的理念、想法以至管理手段，被視為打造現代香港的重要推動力。很多人對麥理浩的角色的重要性，深信不疑。但有趣的是，儘管大多數人對麥理浩推崇備至，大家卻很少會嘗試找出他重要的演講講稿或施政報告，來幫助認真分析究竟他是按着哪一些理念來施政，好好了解他的貢獻。這方面的空白其實提醒我們一點，就是很多對「麥理浩時代」的觀察，其實是憑着論者對當時或事後香港社會的發展狀況來作出

5　所謂「獅子山下精神」亦很難抽離於七十年代及「麥理浩時代」的歷史社會背景。

評價，反而很少從他的講話或政策文件中的論述，來了解他的管治思維。一種可能的解釋是「麥理浩時代」的成就正在於不尚修辭，踏實工作，一切體現於各種政策的實踐與政府的操作之上。不過，在我看來，這更似是在上文所提到的神話效應，很多有關「麥理浩時代」的事情都在未有深究的情況之下，便已作出正面的評價。本文的另一目的，是透過探討「麥理浩時代」的殖民性的同時，也認真檢討及分析當時港英殖民政府的統治的不足。其中一個很有趣的現象是，坊間對麥理浩評價正面，討論焦點集中在社會發展與政策的方面，而鮮有檢視他在香港的政治發展方面的成績。市民對「麥理浩時代」抱着良好的感覺，覺得社會穩定、繁榮、進步，順帶也覺得麥理浩乃一名開明的港督，少有正面對其政治改革與發展方面的表現提出疑問。本文的後半部將以當時殖民地制度的政治參與渠道為討論焦點，檢視「麥理浩時代」的不足之處。

殖民地的二元世界

殖民地是一個二元世界：宗主國與殖民地之間，不單存在權力上不對等的關係，而且前者的「能見性」之低，往往是超乎在後者生活的民眾所能想像的。當然，被殖民的都知道宗主國的政治支配作用；殖民地本身就是外來侵略的結果，宗主國的不正當性可以說是大家心知肚明。[6]但對很多在殖民地生活的人而言，他們的認知就僅限於此——因為是外來的政權，統治者基本上毋須向被統治的

6　關於對殖民政權的意識但卻不過問其政治認受性，見Lau（1982：27-28）。

民眾交代，究竟殖民者有何政治、經濟計算，以至殖民統治是如何操作，並不透明。事實上，很多時候被殖民者對殖民政府的所謂認識，就是假設這種外來政權可以為所欲為，而在此之外，他們亦沒有興趣多作深究。[7]

　　我想指出的是，殖民統治的權力中心的操作，是可以完全脫離殖民地裏一般市民的日常生活經驗的。[8]殖民政府的低度「能見性」，令我們不可能單憑被殖民者的生活經驗，而理解到殖民地在社會、政治等不同方面的運作。從生活經驗層面去理解殖民社會，有其價值，但亦有其局限。我們有需要充份認識這種局限，是因為曾經有過一段時間，不少人認為早期的殖民研究，只集中於政治史及政治制度方面，而忽略了被殖民者由下而上的陽奉陰違式的抵抗，以致分析流於片面。這樣的批評當然有其道理及批判意義，但問題是這個角度亦一樣有它的缺點。在此我要指出的是，強調由下而上的角度及從被殖民者的生活經驗出發的主張亦有其未夠全面的地方。偏向於任何一方面，均不可能充份掌握殖民政治的特質。本

7　上世紀九十年代以前，不少港人視殖民政府為「刮龍政府」，偏幫英資及特別照顧宗主國的經濟利益。這方面的記錄不多，但可參考梁振英（2009）。當時來自民眾的批評，反映出一份不信任，但與此同時，他們又多數覺得對此無可奈何。以「刮龍政府」概括描述殖民政權，反映出在香港民眾之間曾經存在過的一份保留和懷疑。事實上，香港對英國也確實有其貢獻。杜贊奇（Duara, 2009: 174）指出：「香港能夠使宗主國英國的財政保持活力。就如我們看到的那樣，它能夠賺取美元，並且在金融市場上為英國公民及公司提供機遇。作為回報，香港殖民地要求獲得控制其他金融事務的權力和一定程度上的自治。」

8　如後面的討論所顯示，就算是殖民政府內的高級官員，亦不一定能看透政府決策背後的殖民性。

文的其中一個目的，是嘗試通過分析以麥理浩為首的港英政府與英國外交部往來的文件檔案，來補充我們對上世紀七十年代香港殖民統治狀況的了解。限於篇幅，本文只會針對當時殖民統治的其中一面——英國的考慮與角度。另一個同樣重要的課題，是關於英國對香港事務的干預。後面這個問題說來長篇，唯有留待在另一個機會再作探討。[9]

自主的香港？

我所提出的角度，是強調宗主國對殖民地的支配作用，而這剛好跟「麥理浩時代」的論述相反。

現時有關「麥理浩時代」的分析，偏向於突出殖民政府在七十年代所享有的相對自主性，並從它不再處處受制於中英之間的角力及影響，逐漸發展出殖民政府官僚體制的自我完善的空間，來解釋為何有可能出現種種改良社會的政策。[10]舉一個例，Scott (1989) 在 *Political Change and The Crisis of Legitimacy in Hong Kong* 一書裏，便嘗試從經濟和政治兩方面的相對自主度來分析殖民政府推行改革的條件。首先，在經濟條件層面上，「這地方在經濟方面有出色的

9　初步分析見Lui (2007)；另可參考Yep and Lui (2010)。

10　這跟我在前一部分討論殖民經驗是相關的但又並不完全一樣。之前有關殖民經驗的討論提到市民在七十年代中期開始，覺得香港社會自成一體，有它本身的社會議程。這裏所討論的，不再是之前有關市民的感覺，而是宗主國與殖民地的關係與互動。

表現，再加上政府的改革，對香港社會的結構有顯著的影響，而且給予高層官員在工作上有更大的自主度。」（同上：128）Scott進一步解釋，「經濟發展愈成功，經濟領域的精英就更難批評或爭取左右官僚的行動。」（同上：128）香港的經濟以高速發展，而同時政府又有大量財政盈餘，這的確可以幫助殖民政府應付在推行改革的過程中所可能遇到的兩大阻力：分別是英國和香港社會建制之內的既得利益。前者會因為害怕要負上財政上的擔子，而抗拒改變；至於後者，則擔心政府會以加稅來應付開支。但香港經濟繁榮，再加上公共財政狀況良好，這都為殖民政府於七十年代進行改革，提供了基本的條件。

在政治層面上，1967年暴動過後，它帶來的衝擊亦暫告一個段落。中英之間的緊張關係亦隨之而鬆弛下來。在這個新的政治環境裏，香港可以有更多的自主空間（同上：129）。事實上，踏入七十年代，中英在國際政治的議程和關注亦有所改變。[11] 在這樣的背景下，「基於內外因素及有一位可稱得是人物的總督，香港政府日漸提高的自主性容許高級的公務員主要在公共政策開支，採取一些對其前任的同僚來說是不可想像的措施。」（同上：129－130）

曾銳生同樣強調香港政府自六十年代末以來所享有的自主性，並以此去解釋為什麼到了六七十年代可以出現由殖民地官僚所推

11　例如對中共來說，當時的主要矛盾是美國帝國主義和蘇聯修正主義。英國並不是頭號敵人。

動的改革。他指出自戰後以來，殖民政府一直維持在財政上擁有盈餘，並因此而可以減少來自倫敦的干預。但這是要到了六十年代後期，港英政府才累積到足夠的盈餘，令它可以將以往緊縮開支所剩下來的財政資源，用於香港社會（Tsang, 2004: 171）。財政上的自主性給予那些懷着善意的殖民地官僚一定的空間，去進行社會改革。這些改革也可理解為對外界——特別是世界大環境對殖民主義愈來愈多批評——的回應。殖民政府將資源放到改善市民的生活及工作條件之上，而這是在整個政府施政方針或基本經濟政策沒有出現重大修正的情況之下發生（同上：172）。

跟很多對麥理浩的評論不一樣，曾銳生準確地觀察到戴麟趾與麥理浩兩位港督施政的連貫性，認為後者接過前一任港督的「改革火炬」（同上：192），繼續改革殖民地政府施政。後者之與前者不同，只在於麥理浩更了解為政府建立一個正面形象的好處。正因為這樣，麥理浩以更高姿態來繼續推行一些戴麟趾已經啟動了的改革。

其實，Scott和曾銳生兩位均沒有很清楚的分析與交代殖民政府進行改革的動力。他們的論點基本上是建立於一個假設之上：當殖民政府取得更大的自主空間，能排除一些束縛（例如來自中英雙方的壓力、本地既得利益的阻力等）的時候，殖民政府便會進行改革。究竟改革的原動力是來自殖民地官僚的善意？還是這個官僚系統有一種內在追求自我完善的動力？對於上述問題，他們未有清楚回應，但似乎都傾向於認為只要出現由他們來作主（即提高自主

性）的機會，便有發生改革的可能。這一種理解是建築在假設殖民
地官僚擁有一份善意之上。在我看來，這不單將問題簡化（將事情
還原為個人主觀意願之上），同時更是淡化了香港作為殖民地的基
本特性。

　　從麥理浩與倫敦之間溝通的文件所見，宗主國的政治考慮不能
避免地會影響殖民政府的施政。儘管港督會想辦法阻止倫敦過份干
預，[12] 但在殖民地統治的問題上，考慮問題的角度難免需要將宗主
國的利益與計算放在一個相當重要的位置。[13] 事實上，只有認識到
這一點，我們才能明白到整套殖民統治，背後存在更宏觀的政治盤
算。在以下的討論我們可以看到，要全面地認識「麥理浩時代」的
殖民統治，有需要知道他是透過一個怎樣的認知和分析框架來了解
及考慮香港的問題。如我們在下一節的討論所見到，跟很多從事香
港研究的研究員的假設或理解不一樣，麥理浩的施政並非直接回應
六十年代兩次騷動、暴動所帶來的政治衝擊，也不單純從香港內部
發展的需要來考慮是否需要改革，而是更多從英國長期部署外交政
治和處理香港政治前途的需要來考慮種種規劃。這些外交政治的計
算，主導着很多在七十年代香港所出現的變化。[14]

12　因此便出現麥理浩於1976至1977年間想盡方法抗拒照單全收來自倫敦的社會政策
　　——尤其是關於勞工福利——的建議，見Yep and Lui（2010）。

13　至於這種對宗主國的政治考慮與利益計算的重視到達什麼程度，則很多人有不同
　　的理解和看法。

14　究竟殖民政府是怎樣回應六十年代中期的騷動，Smart and Lui（2009）認為不應
　　只將注意放在事件與回應之上，而是需要從更宏觀的政治角力去了解政府如何面
　　對社會矛盾。

帝國前哨站的政治盤算

麥理浩乃外交官出身，因此似乎較為懂得處理與倫敦的關係。[15] 他除了每年都提交周年報告之外，還主動撰寫外交通訊（despatch），向倫敦反映他對形勢的分析，並就有關觀察，提出一些看法。舉一個例，他在提交了1972年周年報告之後，於1973年10月再遞上一份以「誰從香港得到好處？」為題的外交通訊，文中以中、英、港三方的利益來分析香港的現狀。接着在1974年5月一口氣發出了三份外交通訊，分別分析了管治香港的目標、香港的社會及經濟狀況，以及憲制發展的問題。在這些與倫敦的通訊中，我們能讀到麥理浩的治港理念。

其實早在他準備就任港督之前，麥理浩已對他的工作達至一些初步的了解（FCO 40/329："Guidelines for Governor Designate of Hong Kong, 18th October 1971"）。他總結倫敦在香港問題上的立場：一是避免跟當時的中國政府正面交鋒，就香港問題於短期內展開談判；二是「我們必須在香港設計那些能夠延長市民對政府的信心的政策，以至我們有足夠時間等到中國出現有利於談判的條件」（同上）。在這兩點之上，麥理浩更進一步提出了他的見解·

一直以來香港政府相信，前瞻的規劃所帶來的保安風險遠超於它的好處。我個人的意見是現在衡量過正反考慮之後，應

15　這跟戴麟趾的時期很不一樣，見Smart and Lui（2009）。

高度機密地進行一次徹底的對將來的審視。雖然我相信關鍵時刻不會在七十年代後期之前就開始，但規劃的過程現在就要啟動。（同上）

他所指的規劃，是兩個分別不同但又是同時進行的過程。一方面，那是為了在未知的將來要準備面對中國，就着香港的政治前途進行談判。另一方面，殖民政府亦需要在提供社會服務方面，進行規劃。這兩個方面匯合於同一點之上：殖民政府需要加強它的工作，爭取市民對它的信心，這樣將有助於累積民眾支持，為日後面對中國時，增加談判的本錢。麥理浩似乎在他出任總督的很早的階段，已經定下了他基本的想法。這可從他跟外交及聯邦事務部的官員的討論內容中，可見一二：

麥理浩爵士留下記錄，表明以下聲明是他會跟隨的路線——「我在香港所要達至的目的，是要保證它的狀況將會在各方面均優於中國，以至人民政府在面對吸納香港之前，會有所猶豫。這些目的對我們作為統治權力而想為殖民地所做到的，不謀而合。」（FCO 40/329：“Laird to Monson on Guidelines for the Governor Designate, Hong Kong, 29th November 1971”）

明顯地，當麥理浩尚在準備上任的階段，他已經開始將他作為港督的內政（將社會上各方面的發展，全面提升至一種遠超於當時中國大陸的狀態），與將來處理香港的政治前途扣連起來。

之後，在1973年1月提交的1972年周年報告裏，麥理浩再提到香港政治處境的特殊性和要為日後處理香港前途的問題早作準備：

有一點關於未來是可以肯定的。或遲或早，我們必須跟中國人民政府討論到1997年租約期滿所發生的事情。我們對日後兩位舉足輕重，指揮目前這個奇特的政體的人物離去後，中國將會發生什麼轉變一無所知──在未來十年他們難免要離開了。⋯⋯大概不太可能會發生一些事情，令日後的談判會變得比較目前的狀況更為困難。無論如何，現時的領導曾聲言他們願意接受現狀，而因此需要談判的問題仍未提出來。所以，能將這討論延後得愈遲愈好。而到這個日子來臨的時候，後果相信主要是由一些香港無法控制的考慮所決定。但我覺得目前它〔指港英政府〕所能作出的最大貢獻，便是將內務管理得妥妥當當 (to put its house in order)；這就是說，盡量發展得繁榮、團結、〔民眾〕滿足，以至不會成為批評的話柄。至於最後這能否左右結局的發展，則無人能預知。但我相信，這樣的政策最能照顧居民在長期及短期的利益，而同時亦假設是最為英國政府所接受的安排。我認為我們有時間達至這較理想的境況，但只是僅僅有足夠時間而已。因此，它〔指港英政府〕一定是一個步伐急趕的政府 (a Government in a hurry)。(FCO 40/440："Murray MacLehose to A.C. Stuart, 4th January 1973")[16]

16　這一段文字在後來付印的周年報告有所修改，現選譯的是最後修改前的版本。

麥理浩對香港政治現狀的分析，主要是建立在中、英、港三方的利益平衡之上。他特別強調香港能為中國提供的經濟功能與利益，但又認為中方的考慮總存在一定的不確定性，難以準確預測。他在〈管治香港的目標〉（1974年5月）（FCO 40/547："Hong Kong Objectives, 27th May 1974"）的外交通訊中指出：

大致上本殖民地之未來，將取決於一代接一代的中國領導人，視乎不同因素的比重和他們如何計算利益上的取捨。因此我們應該小心留意這平衡〔即中方從目前的現狀中取得的好處大於政治上的損失〕狀態。

他又表示，當時中方基本上採取合作的態度（例如影響左派工會，令工業行動未至演變為衝着殖民政府的抗爭），不過同時又會有另一手準備，依然在社會上展開統戰的活動，以鞏固其影響力。他估計中方最想見到的，是令香港變為類似澳門的狀態，既可在現狀中取得商業和金融上的好處，又可透過當地的議會代表來影響政府施政。但由於一般香港市民對廣東區內的狀況有所了解，再加上毛澤東思想跟香港本身的經濟成就有所矛盾，中方要在香港爭取支持，效果大打折扣。「所以中國人民政府對港政策的時間尺度是長期的，而目前他們的短期戰術並未能在社會上取得顯著的進展。因此而衍生的問題是究竟香港政府應如何利用這一段喘息的時間與空間呢？」（同上）

麥理浩對這個問題的答案是：

我認為我們應該盡一切方法打造香港為一個達國際地位、具
備高質素的教育、科技與文化，以及有高水平的工業、商
業、財經設備的模範城市（a model city），以至在它身上中國
既能得益，但又因為考慮到對這些實質利益的需要和本身國
內條件之不同，而不願意把香港收回。這可幫助爭取額外的
時間，令中國的情況逐步演進，甚至影響中國政府令它考慮
或者日後在它的主權之下繼續給予香港的一個特殊地位，而
這樣在一定程度可保障市民的生活方式和英國與其他國家在
這殖民地的利益。相反，假如我們將香港搞得一塌糊塗，以
至它變得貧困枯竭到中國無法在它身上取得好處的程度，而
它的國際地位亦相應低落，我看不到任何理由中國不索性就
立即收回香港。所以，基於這些政治考慮，而無論如何我亦
相信我們的政府會認識到上述意見本身的意義，我們會選擇
發展香港為一模範城市。但我們應該低調進行，少說話，不
對中國作出表面的挑戰。（同上）

而麥理浩對問題的時間性，有仔細的分析：

我認為我們亦應該開始工作，首先，實在有很多是需要做
的。第二，要維持市民的興趣與忠誠，我們的工作進展須有
目共睹。第三，因為我們並不知道目前跟中國的良好關係能
維持多久，而現時某些民生生活的課題很容易會利用作政治
目的之用。但另一要求我們發力推動轉變的有力的理由，是
1997年租約期滿的影子將會在八十年代出現。這是盡力在

這殖民地提高信心、賺錢機會，因而促進就業，改善生活水平的時間。這將是減少而不是增加徵稅或收費的時間。在下一個十年的時間內，只要符合經濟繼續擴展和吸引外資的要求，我們應該付出任何所需的代價，立即就面對和解決問題，以希望到八十年代時可以輕鬆一點。至少，這是本人和眾顧問的理解。香港在八九十年代所面對的問題及其脆弱性將會相當嚴重，這顯然是因為事情將不受香港政府的控制，而除非那些存在已久的社會問題已經在七十年代解決，否則情況只會變得更壞。(同上)

基於上述考慮，麥理浩認為七十年代的重點社會工程，在於完善房屋、教育、醫療服務及社會服務四大方面的社會服務。「當這些工作完成後，香港再沒有什麼是任何一位歐洲的觀察員會覺得可恥，而很多方面足以令亞洲人羨慕。各項計劃已引得公眾的注意，而一般來說提高了他們對政府本身及政府對公眾福祉的關心的信心。」(同上)

在以「香港前途」(FCO 40/713: "Despatch on the Future of Hong Kong, 13th February 1976") 為題的外交通訊中，麥理浩一再強調「沒有什麼道理，令事情在未來大約十年內不應繼續如此。但到1985年左右則必須跟中國達成某種──明確的或含蓄的──有關新界租約在1997年期滿後香港將有何轉變的理解。否則，這個殖民地將會由於缺乏對未來的保證，以至投資和就業衰退，開始褪色」。當然，麥理浩也考慮到英國的立場：「假如香港以類似強迫

收回的方式重歸中國版圖，這對此地的四百萬人口和相關的英國及
其他國家的利益的衝擊，足以令英國政府要面對一些非常棘手的難
題，而要解決這些難題，難免會令英國政府有所損失、蒙羞，及與
中國進入緊張的關係。」

倫敦與香港之間的張力

麥理浩是從這樣的一個政治（或應說是外交政治）框架來考
慮他的施政。如何在市民之中建立信心和支持，以協助日後的外交
談判，成為了他的關注點。其實，戴麟趾在離任之前，也曾向倫敦
反映市民對殖民政府擁有信心的重要性。在某一方面，他的意見跟
麥理浩的有些相似：「香港市民對那相當有利的經濟氣候，以其一
貫高度進取和努力的方式來回應，而他們大多能夠享受到應得的生
活水平的提高。在這樣的情況下不能避免地出現期望的提高，以及
（儘管還未普遍的）日趨對那些基於不同原因未能享受成果的、較
貧困的人士的關注。在政府方面，它正努力在社會服務的範疇推
動一系列計劃，以及在一般環境裏落實具體的改善措施。」（FCO
40/292: "Governor to the Right Honourable Michael Stewart, C.H.,
M.P., Secretary of the State for Foreign and Commonwealth Affairs,
23rd April 1970"）這是關於增加社會服務以回應社會訴求。但對戴
麟趾來說，更重要的是香港社會的脆弱性：

……香港在社會、政治及經濟方面，都顯然是一個需要維繫
信心的社群。在那三點之上，我們是相當脆弱的，而重要的

是香港政府得英國政府作為後盾，必須繼續⋯⋯堅持市民的利益不會受到任何侵犯。共黨份子利用社會問題或行政錯誤，或因海外利益而令我們的出口市場受到削弱，都很容易會造成信心的失落。(同上)

戴麟趾對香港社會的脆弱性的憂慮，出現在他擔心英國政府的某些措施會令香港市民覺得，殖民政府並不能保障他們的利益。他在接觸來自倫敦的官員時表達了他的憂慮：

　　我想我應該記錄下來的是，港督向我表達了他的恐懼，害怕我們所做的，會逐步侵蝕他維持香港民眾信心的能力。他特別指出那加諸於他身上，要求他釋放共黨背景的監獄囚犯的壓力，另外是英國政府堅持香港必須接受的一些港府認為是不利的經濟措施，再加上我們一而再拒絕了他們的要求，如擴建機場或准許他們自由運用其議價條件（又例如機場之使用）來保障利益。

　　戴麟趾爵士表示以香港的狀況而論，一個重要的元素是民眾能對香港政府有信心，認為它願意並且有能力保護殖民地居民的利益。如果那種信心受到嚴重侵蝕，則不得不更多用警力或其他力量，否則無可能維持殖民地管治。這顯然是英國政府不情願採取的行動。

　　總督傾向於懷疑，究竟我們在訂定政策時，有否充份考慮這些問題。(FCO 40/323: J.R.A. Bottomley to Sir L. Monson, 17th February 1971)

戴麟趾所擔心的市民缺乏信心的問題，似乎跟1967年暴動前後的香港形勢有關。在他看來，當時港英政府的殖民性相當顯眼。殖民政府對於如何說服市民——它會以他們的利益為先來施政——存在一定的困難。他是從這個角度來考慮香港市民逐漸自覺提出要求（見諸1966年的九龍騷動），而殖民政府變得較以前更需要積極回應他們的訴求。事實上，早在發生九龍騷動之前，戴麟趾已開始在不同的社會政策範疇上重新考慮社會需要和評估政府的角色（見第一章；另參考呂大樂，2010b：74－82），加強面向群眾的能力。正如曾銳生所說，麥理浩是從戴麟趾手裏接過已經啟動的社會政策與服務，而將它們在整體施政中的功能略作調整，把建立市民信心的工作扣連到更宏觀的外交政治問題之上。

麥理浩也清楚意識到香港的脆弱性：「它〔即香港〕的四百萬居民及他們的政府依然一方面依賴出口工業的增長來解決生計和帶來收入，而另一方面則它的存在要視乎中國政府的政策。」（FCO 40/439: "Governor to the Rt. Hon. Sir Alec Douglas-Home, K.T., M.P., 1st January 1973"）但關於後者，麥理浩所考慮的，主要不是中國因素於香港內部政治空間所起的作用（例如是一種威脅或對殖民政府權威的挑戰），而是它對香港政治前途的長遠影響。這也就是說，到了麥理浩的手上時，便成為一種可以產生雙重作用的手段——既回應了市民的訴求，同時又為長遠增加英國將來跟中國談判時的本錢。在他出任港督時在香港的施政，不可能再簡單化約為對1966年騷動、1967年暴動的回應（Smart and Lui, 2009），而是涉及一些更複雜的外交政治考慮。

但這樣說並非表示，麥理浩施政就統統以英國的政治需要為唯一考慮。我在上一部分已提到，麥理浩在準備上任時，已指出英國為將來談判的準備，正好成為一種提高香港社會的生活水平的動力，兩者之間並無矛盾。同時，我們也需要注意到，當倫敦嘗試將他們的政治議程加諸於香港之上時（稍後討論），麥理浩──儘管他的回應是否一定對香港市民有好處，則見仁見智──有十分強烈的反應。在未談到這些問題之前，或者我們值得再了解一下麥理浩本人的理解。他在上任後第一份遞交給倫敦的周年報告裏，清楚表達了他的看法。他對在殖民地推行種種社會政策及改革，背後是為了提高市民信心，為日後與中國商討香港前途做準備：

> 雖然我本人所採取的觀點較其他人有更多憂慮，時常牽掛如何令市民的信心不會受到動搖，更經常在想如何可以爭取時間及提高凝聚力，以應付有可能因有意製造或不幸地出現的壓力，但我認為這並不是目前在香港普遍存在的看法。一般人更關心他們自己及子女的生活狀況，及未來改善生活的前景。

> 這令香港政府的社會政策及其他改善生活條件的措施對殖民地的未來有特別重要的意義。再者，我發覺在最近十年裏，市民對在港的生活環境已變得沒有像以往般持着宿命的態度，而是對政府有更高的要求。……如果政府的表現未如預期，則這一份自覺與要求會對政府帶來潛在的危險。但這亦給予政府一個機會，看看它是否準備好面對訴求，和令市民相信它正準備這樣做。若能滿足那正在形成的要求，則有

可能在市民中形成一種市民的自豪感。那是於十年或二十年
前在一群宿命的、冷感的及掙扎求存的難民之中無法做得
到的。(FCO 40/439: Murray MacLehose to the Rt. Hon. Sir Alec
Douglas-Home, KT, MP, 1st January 1973)

在這個基礎上，麥理浩進一步解釋他所推出有關房屋、教育、
社會福利政策背後的政治計算：

基於這些理由(而無論如何因為它的好處)，政府在1972年間
計劃及宣佈了長遠的計劃：⋯⋯這些項目全都是順着現存各
項措施的邏輯而發展出來的。但它們同時出外宣佈，以傳達
一個信息，五六十年代大量難民湧至而造成的不確定環境已
成過去，乃一經過計算的舉動，旨在令市民的注意力聚焦於
香港乃他們的家，而香港政府是他們的政府。(同上)

從麥理浩的報告可見，他是相當自覺去改變政府與社會的關係：

有一個現象令我留下印象並且覺得相當重要的是，儘管
香港乃四百多萬人(而他們在不同程度上可以說是給中國拒
絕了的)的安身之所，但當中大部分人仍未有完全接受香
港。新一代正在成長之中——我們的人口中55%為年齡在25
歲之下——而他們對政府(很多時候都是合理的)抱有更高
的要求。跟其他政府相似，本政府必須得到市民的贊同而施
政，而同時它是沒有得到一個選舉制度的協助而進行管治

的。假如我們要維持市民這種認同與支持，則不單要滿足他們的合理訴求，還要令他們覺得訴求之所以得到滿足，乃政府也真心的以此為目標。這種需要並非只因為我們希望行政措施能有實際的成果，而是我們也需要爭取市民的一種有力的信任。我們不可能將目標放在對國家的效忠，但若能培養一份市民的自豪感（civic pride），則應該是有效的替代品。

這只可能是通過集體的力量（corporate effort）而達至的，而這對傳統上只會跟從政府指示……盡量避免受到公眾事務所滋擾的市民而言，是一個新鮮的概念。我想從現在開始，政府政策必須令精英及大眾都感覺得到，正如他們在1967年所感受到的，香港是他們身心所歸屬的實體，也是一處他們希望在那裏生活的地方。（同上）

明顯地，他的想法並不能簡單地理解為，因為殖民政府在1966年及1967兩年飽受政治衝擊而作出反應。從他的分析與部署來看，他是十分自覺從英國長遠處理香港問題的需要來管理這處殖民地。在香港推行各項政府的政策時，自有他的一番政治計算。

或者有人會提出：有何動機並不是一個重要問題，反正最後香港人能從中受惠，便沒有必要查根究底了。無可否認，在客觀效果上，無論麥理浩有何計算，最終還是能夠在香港推出好些重要的新政。不過話又得說回來，當我們更了解殖民統治背後的政治盤算時，便會明白過去對「麥理浩時代」的認識，只停留在表面之上，其實未有深入分析香港社會的殖民性。這種殖民性也有其微妙之

處。一方面是宗主國的利益與考慮，始終是核心所在。但另一方面，作為在帝國的最前線上工作的總督，麥理浩又不想完全由倫敦支配，由外交部的官僚來指揮殖民地的日常操作，直接影響他的管治工作。

於是，在具體的情況，我們可以看見一種存在於倫敦與香港之間的張力。如前面所分析，麥理浩打算在香港推行爭取市民信任的改革，主要是為了英國日後處理香港政治前途問題時做好準備。不過，這種保護宗主國利益的考慮，並不等於殖民地百分百的聽從倫敦的指揮。在七十年代初期，香港紡織業出口成為了宗主國與殖民地之間的一個衝突點。[17] 前者的成功引來英國工會的注意與批評，而由於壓力不斷上升，外交部經常要為執政的工黨政府準備回答國會議員的質詢。[18]

由於當時（1974－1979）英國正由工黨執政，來自工會的批評難以迴避，而倫敦方面對香港亦採取一種懷疑態度。1975年任職香港及印度洋部的主管的Laurence O'Keeffe就有這樣的回憶：

從香港的存在而取得最多益處的，是日本人和美國人，而我

17　早在1967年1月便已經有英國國會議員提出關於香港工人狀況的問題，見Yep and Lui（2010：254）。

18　當時在英國所出現的批評，以兩種不同的形式表現出來，一是國會議員（不少是曾到港作短期訪問）提問，另一則是在英國當地的評論。七十年代曾有兩本有關香港的小冊子在英國出版，它們分別是 *Hong Kong: A Case to Answer* 和 *Hong Kong－Britain's Responsibility*。

相信略遜的可能是澳洲人。那些大「行」、所謂的英資集團
乃以香港為基地，它們毋須繳交英國稅款。它們並非代表英
國利益，而是以其自身利益來辦事。問題是我們手抱「嬰
兒」，而又當時絕無可能讓我們將它拋棄。這對我來說頗感
意外。我一直假設殖民地乃為了殖民者的利益來運作，而被
殖民的實際上也能從中得到和平與繁榮而獲益。我從來不
知道原來我們擁有一件自己得到最少好處的東西。（BDOHP
Interview:（Peter）Laurence O'Keeffe）

實際上英國是否未能在香港身上拿到好處，肯定各有不同的
看法，在此暫不深究。但O'Keeffe的想法反映出當時倫敦的態度。
當到了1975年國會對香港的注意有所增加時（單在4月便有兩次提
問），倫敦便更覺得低工資的香港工業令英國製造業受損，是一
個需要留意的政治議題。而在1976年初英國費邊社出版了由Joe
England（1976）所撰寫的小冊子*Hong Kong－Britain's Responsibility*
之後，氣氛進一步升溫。[19]

1976年2至3月期間，回應倫敦的需要（當時工黨政府飽受英國
及歐洲工會的壓力，而香港的勞工狀況成為了英國本土政治辯論的
一個題目，也因此而「突然」「特別」關注香港問題），[20]麥理浩

---

19 有關倫敦及港英政府對該小冊子的通訊及回應，參考FCO 40/721: Publication
   on Hong Kong Affairs in UK: Fabian Society Pamphlet, "Hong Kong－Britain's
   Responsibility" by Joe England.

20 詳見Yep and Lui（2010）。

撰寫了兩份外交通訊：一份論香港前途，而另一份則分析邁向八十年代的香港內部社會政策。但這也無法阻止倫敦方面後來積極地就香港的情況準備一份「計劃書」。從倫敦的角度來看，港英政府的回應不足以應付不斷增強的政治壓力：

> 問題是那些批評愈來愈根深蒂固、更有資訊基礎及持續。而我也認為，雖然香港政府對發現了貪污問題的回應已控制了一個具爆炸性的題目，但去年所揭露出來的問題會對殖民政府的聲望造成打擊，同時也損害了它在這裏的信譽。近期那本費邊社小冊子就是這個趨勢的證據。它的內容沒有什麼新的東西，有的甚至是不盡不實，但它有關殖民地那種不正常的狀況的基本論點，及其與英國的連繫，在這裏得到很多人所接納。（FCO 40/707: "Hong Kong Annual Report 1975, 16th February 1976"）

在外交及聯邦事務部的官員眼中，「他〔指麥理浩〕依然低估了那正在本國流傳而對香港愈來愈多批評的感覺。」（FCO 40/707: "Hong Kong Annual Report 1975, 18th February 1976"）而當時為了卡拉漢（James Callaghan）到東亞訪問的準備，外交及聯邦事務部便着手編寫 *Hong Kong Planning Paper*。限於篇幅，我不打算在此深入討論這份「計劃書」的編寫過程和當中的政治含義了。「計劃書」內的重要部分——可理解為對英國工會批評的回應——是關於對勞工的保障。裏面所提出來的建議，是朝這些目標出發：首先，是香港勞工的狀況應達亞洲國家中最高水平；第二，是盡快落實國

際勞工組織的有關公約，當中涉及休息日、有薪假期、禁止僱用少青工人等不同方面；第三，殖民政府改善勞工保障、社會福利及保障。當時倫敦除了對勞工福利及社會保障有具體要求之外，還要求改革須於五年之內實現（詳見Yep and Lui, 2010: 256-258）。麥理浩於1976年所發表的施政報告，成為了當時倫敦與香港之間角力的焦點。

對於一些來自倫敦的社會改革建議，麥理浩不但有所保留，而且頗為抗拒（Yep and Lui, 2010）。他想盡辦法在一些勞工保障的項目上只略作調整，把來自倫敦的壓力應付過來，而沒有照單全收，避免需要在香港因進行社會改革而面對既得利益的反對（Lui, 2007）。[21]到後來因為英國國內的政治形勢發生變化（主要是工黨政府下台），來自倫敦的壓力才告消退。不過，話雖如此，在有關香港落實「計劃書」內的各種建議的進度，倫敦與香港之間仍然出現針鋒相對的場面。

從某一個角度來看，麥理浩其實令香港在七十年代中期失去了一次徹底檢討和改善勞工、社會保障的機會。他並沒有順着來自英國的壓力而大力改革勞工保障、社會福利的制度，反之只是作出了有限的改革。對倫敦是最低的要求，麥理浩則視之為最高的極

---

21 關於來自倫敦的壓力，當時並不是有很多研究員留意，少數例子，見羅鄭適時（1991：71）及Miners（1986: 149-150）。

限來處理（Yep and Lui, 2010: 259）。在如何管理公共財政、發展
社會保障的問題上，又與倫敦出現分歧（同上：260－265）。到了
1977年年底，當時的外相在接見麥理浩時提到：「對那裏〔指香
港〕很多外籍公務員的主要投訴是，他們似乎完全跟英國的想法脫
節，而或者它的公共服務需要注入新血。以社會發展而言，香港正
朝着正確的方向前進。我們所關心的，是或者步伐實在太慢了。」
（FCO 40/755: "Minutes of the Meeting between Governor and David
Owen, Secretary of State for Foreign and Commonwealth Affairs on
30th November 1977 ［No.85］"）假如當年來自倫敦的「計劃書」
能夠如期全盤落實，是否就等於香港社會有更完善的勞工保障和社
會福利的制度，這肯定是可以爭論的。而麥理浩對倫敦建議的抗
拒，是為了反抗干預（以免被市民認為殖民政府又是為了英國的考
慮而施政），還是他不想大刀闊斧的進行改革，這相信亦各有不同
看法。但可以肯定的是，我們不能假設麥理浩在意識形態上傾向社
會改革，所以已經盡其可能，於在任期間給香港市民取得最有可能
爭取到的相關政策。當問題涉及政府財政、政府與社會關係（例如
動搖既得利益者的利益）時，麥理浩其實並不是很多人所想像中的
改革者。

對政治改革的三心兩意

至於在政治改革方面，麥理浩的表現就更比想像中的保守。

如上文所講，麥理浩早在上任之初便已建立他自己一套治港的

想法。在他的框架裏有關社會政策與服務的環節，更自覺是爭取市民信任的手段。這很容易會令人想到，或者他對當時香港那個相當過時的政治制度也會有意見。不過，麥理浩的關注點其實不在於殖民政府與社會及民眾的關係，反而更關心建制內有無一種集體或團隊式的責任制：

> 我尤其對不存在一個由主要官員所組成，扮演集體決策或指揮策劃作用的內部核心，頗感意外。在缺乏這樣一個架構的情況下……實在令總督及輔政司難以在主要推動殖民政府施政的幾位官員中，加強他們對政策的理解，或形成一種集體負責的觀念。……我曾翻閱貴部門有關改革政府結構的建議，包括Monson爵士對全體立法局議席由非官守議員所組成的建議，又或者Laird先生的所謂的「成員制度」。於現階段我所能説的是，我接受這一議題及政策範圍應為首要的考慮。（FCO 40/329: "Guidelines for the Governor Designate, Hong Kong, 18th October 1971"）

在後面的討論裏，我們將有機會見到麥理浩再訪那個「成員制度」的想法與安排，但在此想指出的是，當他接任港督時，並未有將政制改革放到一個重要的位置之上。

麥理浩重視中國因素。但中國因素在他的框架內產生兩種不同的作用。一方面，如前文所討論到，因為要準備將來有朝一日需要跟中國商討香港的政治前途，所以要通過做好管治，提高市民生

活水平，來鞏固日後進行談判的實力。另一方面，中國因素是制約政治改革的關鍵數項。首先，中國不會容許現狀出現改變，尤其是香港走向獨立。任何會招引中方產生懷疑的動作，都應該避免。第二，政治制度上的改變差不多不能避免地會招惹親北京和親台灣的政治力量參與其中，給他們機會在香港進行政治動員。他們的行動很可能會衝擊或挑戰港英政府的權威，因此也應該盡量避免這類狀況的出現。以上所講，基本上並不是什麼新的角度。長期以來，類似的討論與觀點不斷在外交及英聯邦部內反覆出現。舉例：在一份準備會議的內部文件，便有記錄麥理浩對這些憂慮的了解：

〔立法局內〕由選舉產生的少數會提高香港對按其意旨做事的期望，但卻不等於會令我們更有可能容許這種發展的機會。再者，那由選舉產生的議席由哪些人來出任，亦難以預料。不能避免地它們將會分裂為親共與反共的團體，而總督的工作將變得更為困難。我們跟總督一起達至的結論，是目前並無憲制改革的空間，而他希望了解這是否也是外交大臣的見解。（FCO 40/422: "Call on the Secretary of State by Sir Murray MacLehose, 13th September 1973"）

政制改革被視為一種可能會引起中方強烈反應的舉動，也因此而衝擊殖民政府的管治。至少在上任初期，麥理浩的議程中並無政制改革這一項。

但到了1974年，麥理浩似乎改變他的看法，並且提出要重新考

慮改變政治制度的利與弊。他在該年到英國跟外交及聯邦事務部會面，並為此而撰寫了一連三份外交通訊。[22] 他提出了一些建議，以供討論：

> 本人對於轉變所能帶來的好處，亦有兩種不同的想法，而正因為如此，我要求對此作出檢討。當我第一年在香港工作時，我依然認為就算不進行憲制上的變動，仍有可能抓緊市民的忠誠及對我們的注意，並建立一種建基於公民的自豪感上的本地認同。我曾想過，這可通過落實廣泛的社會改革項目，提高政府對社會訴求的回應度，及參照新加坡的模式而廣泛動員草根組織參與鄰舍事務而做得到。……不過，我現在相信，香港需要一個更明顯是立足於本地，而不要太明顯地是外來的政府，以幫助它在八十年代會開始的困難時期裏，有更好的機會去維持它的凝聚力和認同感。（FCO 40/547: "MacLehose's Despatch Dated 30th May 1974"）

當然，基於他的外交官背景，麥理浩是完全明白香港政治地位的特殊性及中國因素的作用。他在外交通訊中亦有表示他對問題的了解。所以，他強調建議與民主化無關。他表示在香港「邁向正常以選舉為機制的負責政府之路存在障礙」，而他自己又未能「看

22　首兩份通訊分別以「香港的目的」（1974年5月27日）和「香港：社會與經濟處境」（1974年5月28日）為題。第三份通訊（1974年5月30日）沒有大題目，但文章首段便提到憲制改變。三份通訊均收於FCO 40/547檔案裏。

見在本地市民之中對真正的民主改革有任何明顯的興趣」。他的提問是：「如果我們不能以常規的方法在香港建立一個沿西方模式並以選舉產生的政府，那麼還有什麼可以做而令這個政府變得更為本地，而不會被視為外來的政府呢？」他的建議是委任一些本地非官守議員為「責任制的部長」。在這樣的新安排下，再加上公務員的本地化，他預見將來能夠提高市民的信心，令殖民政府可以逐漸給市民更好的感覺，不再背負一個被視為外來的、跟本地市民脫節的負面形象。在他看來，這種發展有助於將權力由西敏寺下放到香港，到時本地市民對「純粹屬於本地的事務」（同上），有他們的發言權。

他的建議（至少有一部分）乃建基於廣開招納本地政治領袖之上。面向倫敦時，他把未來發展的希望投放到互助委員會和分區委員會之上：「它們有可能產生一些跟現時行政局、立法局或市政局議員在社會背景上頗不一樣，而又認真和受人尊重的人物。假如他們真的能夠如此，則擴闊兩局成員的來源的問題，便得以解決。」（同上）換言之，麥理浩是自覺避開中國因素及其影響的情況下，嘗試提高殖民政府的形象和與民眾的關係。他心中的圖像並不需要在立法局引入選舉成份，而是委任本地非官守議員為「責任制的部長」。這項建議跟他在上任前提到殖民政府內缺乏一種集體負責的觀念（見前文）很接近。當時他覺得大部分重要決策都由港督及輔政司來處理，其他主要官員只是通過臨時會議而參與其中（FCO 40/329: "Guidelines for the Governor Designate, Hong Kong, 18th October 1971"）。建立「責任制的部長」，不單可以加強殖民

政府跟本地市民的溝通與聯繫，而且更可以培養一批「有建設性和願意合作」的立法局議員，幫忙為政府的政策護航（FCO 40/329: "Laird to Monson on Guidelines for the Governor Designate, Hong Kong, 29th November 1971"）。麥理浩總結整個討論：

> 向全面由選舉產生及負責任的政府的方向進發，若處理得宜的話，應有其真實的好處，但這亦會帶來那麼多危險，以至我想在目前的形勢下不應再仔細思考了。向立法局內只有一點點選舉成份的方向進發，雖則不會帶來那些危險，但卻難以吸引本地市民，同時亦難以跟現存兩局非官守議員辦事處及官員，維持目前那種有建設性的伙伴關係，以及將權力交給本地人亦無法產生顯著的作用。（同上）

在他交給倫敦的1973年周年回顧裏（FCO 40/547: "Hong Kong: Annual Review for 1973, 4th January 1974"），麥理浩表示：「那些經常聽到對在香港進行有限度的憲政改動的反對意見，或者真的很真實，但我已不再像以往般被說服，它們如過去一樣不可克服。……或者我們的結論依舊是不可能出現明顯的進步，但我想這個議題值得在我們之中進行謹慎的和保密的審議，……。」（同上）倫敦對麥理浩的建議反應謹慎。香港及印度洋部的A.C. Stuart 認為香港只能在沒有代議制度下容許市民參與政治程序，乃香港政府的問題癥結。在他看來，「總督的結論是立法及行政局沒有直接選舉成份，令問題無法解決。他或者是對的。……但其中的困難仍是難以應付。」（FCO 40/547: "Annual Review for 1973: Hong

Kong, prepared by A.C. Stuart, 1st February 1974”）尤德的回應同樣
是小心翼翼：

> 問題跟中方派駐代表相似。第一步只是一小步，但一經踏
> 出，就不可能逆轉，而這個過程有它本身的一種發展動力。
> 我個人的看法是我們可以踏上這樣的道路，除非我們已經做
> 好準備，香港政府在未來十年將有重大轉變。另一個問題是
> 北京會對此立即有所反應，因為他們都知道如果香港可以作
> 主，它會選擇獨立而不是回歸。他們不會希望見到出現這種
> 選擇的機會，並會用盡方法去阻止它的發生，而這樣將會令
> 本來保持距離的，變為更深入參與香港的政壇。所以我傾
> 向認為在回應這份通訊時，不要提供任何有關我們的態度
> 的暗示。（FCO 40/547:“Annual Review for 1973: Hong Kong, 8th
> February 1974”）

　　無可否認，麥理浩並未有深入分析其建議所可以產生的長遠
後果及深遠的政治含義。但倫敦方面又似乎有點反應過敏，對他的
動作有點錯誤評估。基本上麥理浩所提出的建議（至少在短期之
內）並不觸及以直選方式進行的代議政制。他的議桯集中於殖民政
府與市民的關係。他想減低港英政府的殖民色彩，以免令市民覺得
英國扮演着一個支配的角色。委任本地非官守議員為「責任制的部
長」是想爭取市民的信任之餘，還希望這樣有助加強政府與社會的
聯繫，令社會人士更積極地支持殖民政府施政，但又毋須在政制上
有重大的修改。如前面的討論所提及，戴麟趾對市民缺乏信心的問

題，亦有相當強烈的意見。麥理浩的建議乃嘗試回應那個問題。而跟這一點有密切關係的是，麥理浩希望可以提高殖民政府的本地觸覺與形象，意思是香港市民的利益要顯得受到重視。[23]

倫敦對麥理浩的批評是很多人在英國會覺得這樣的建議只會「進一步鞏固香港商界的權力」（"FCO 40/511: "Hong Kong, 13th December 1974"），而就着當時鍾士元提出增加立法局議席的建議：

> 尤其是如果新增的議席牽涉任何形式的選舉，對中方來說建議看似是邁向自治與獨立的一步。這將需要小心處理跟中方的關係。我們不可讓人以為會諮詢中方，但卻需要肯定，他們明白建議的內容和不會視此為一種威脅。
>
> 第二、引入新的非官守議員可能會搞亂了總督在憲制底下的計算，因為以往他可於最後一刻憑着立法局內官守議員所組成的多數，而掌握有效的管治權力。我們或者可以加入官守議員作為平衡的手段，或引入另一種可給予總督備用權力的憲法，以避免出現這種情況。後者那一種方法可能會引起中方的懷疑，因為在過去這被視為走向「責任政府」的一步。
>
> 第三、行政及立法兩局的非官守議員能發揮一個為總督

23　這個問題已在前面略有論及。在死刑、駐港英軍軍費及英國工會的壓力等各個問題上，殖民政府對來自英國而又加諸於它身上的事情，頗有微言。它極不希望市民覺得政府無意及無力去保障他們的利益。有關殖民政府的看法，見FCO 40/439: "Who Benefits from Hong Kong? 11th October 1973"。

服務的非正式內閣的功能。這是健康的狀況,但背後假設成員之間在意見有一定的一致性。擴大了的非官守議席包含以不同方法選擇或選舉出來的成員,將會在他們之中製造更多分歧。當一些成員以自己代表北京或台灣自居時,上面所講的情況將更為明顯,而效果尤其不理想。這亦可能令官方文件的保密出現問題。(同上)

麥理浩跟倫敦溝通至此,大致上已接受不會再推他的建議。在記錄文件上有這樣的總結:「總督本人的意見是,立法局新成員的人選,尚需要更多時間才會冒出來。從香港的角度考慮,他選擇等待。他也傾向於認為,這還未是引入『成員制度』的適當時機。可是,他認同在英國有壓力要求更快推行改良。」(同上)

又是來自英倫的壓力

有關增加立法局議員的數目及擴闊挑選來源的討論,因英國國內的政治需要(如上一部分所談及,包括來自工會的壓力、工黨議員在國會的提問及卡拉漢計劃到東亞訪問等)而重新成為香港與倫敦之間的議題。關於工會及工黨議員施加壓力,這已經略為在前面談過。而因此令香港與倫敦之間的關係變得緊張,亦已簡略說明了。但值得留意的一點是,上述壓力與矛盾並未使殖民政府跟外交及聯邦事務部在所有議題上都出現分歧。了解到觸動中國因素而有可能帶來的後果,外交及聯邦事務部亦顯得份外小心。回應麥理浩對英國工會的回應時,Duncan Watson表示他會特別「輔導」卡拉

漢，免得他信口開河，觸及敏感話題。其中倫敦亦堅持要阻止他提
出的，是在香港改革議會及將工會代表引進議事堂。他們「輔導」
的手法，是提醒他若稍有差池，則大量在香港擁有英國護照的華人
會給他帶來頭痛的問題。他們再三強調，在卡拉漢訪問中國之前，
會做足「輔導」的工作（FCO 40/628:"Duncan Watson to Murray
MacLehose, 29th August 1975"）。

　　敏感的中國因素令殖民政府跟外交及英聯邦部的關係變得接
近。麥理浩在評論香港的政治前途時，特別強調不宜將中國引入殖
民地的政治系統裏：

> 香港政府在這個問題上的角色是相當清楚的。一方面，它絕
> 不可做出影響中國的經濟及削弱其國家安全的事情。我們必
> 須跟中國駐港的官員發展出實在的工作關係，及接受中國利
> 用香港及在此進行活動的事實──殖民政府這樣做的同時，
> 必須維持它作為該地方的主人。另一方面，它一定要繼續提
> 出措施以改善生活水平及提高滿意度，同時亦令殖民地的
> 經濟繼續發展。（FCO 40/713:"Despatch on the Future of Hong
> Kong, 13th February 1976"）

在另一份外交通訊裏，麥理浩再次強調，政治轉變必須小心處理：

> 香港的憲制當然是特殊情況下的異常安排。但這種異常安排
> 已證明能夠運作，而且能有所演進，而我不敢肯定英國政府

有多全面地明白到，它在近年有多大的演變。再者，這個制度能吸引一批能幹的、開放的、把握資訊的和對公眾意見有敏感度的男女，他們準備好付出不少時間去處理公共事務。他們之所以被委任，是因為被視為個人真誠投入、準備為市民（不是某一個階級或群體，而是整體的公共利益）發言的「代表」。在考慮改變時，必須小心，以免將一種受本地人接受、行之有效的安排，由一種無法做到這些效果的所替代。這樣做的後果對香港、英國政府，以至英國與中國的關係可以相當嚴重。可是，如我在1974年5月30日所發出的通訊所言，我已有所總結，認為有需要和空間作出改變，而且已逐步朝着這個方向發展。（FCO 40/701: "Hong Kong－Domestic Policies up to the '80s, 6th March 1976"）

麥理浩強調當時的政制有效地運作，所以表示不會作出任何有違現制度的邏輯的改變。他會跟隨現存辦法來委任議員。他的關注點是在於找尋更多不同社會背景的人士進入政治建制：

委任立法局非官守議員的傳統方法是，委任那些在社會事務參與（如香港社會的特色：資助機構及慈善團體或諮詢委員會）上表現出色，而得到認可及尊重的人士。單憑在生意或專業上取得成就，從不保證會取得資格，但當然也不會因此而被拒絕。我並非建議離開這個傳統，而是將委任對象擴充，通過互助委員會及分區委員會所提供並逐步開放給所有市民的參與機會。我建議的方法的重心，是由特殊狀況下香

港的「參與」原則替代一般的選舉原則。那是一種建立在中國傳統之上的原則，在此廣泛受落，而在西敏寺亦可有修飾的價值。（同上）

他的結論基本上是重複於1974年5月期間所寫的通訊的想法：在增加立法局議席的同時，他亦會擴闊議員的社會來源。在這項建議背後，是殖民政府鼓勵草根團體發展的社會參與計劃。有了立法局議員負上更多責任，並且各自專注於特別政策範圍，殖民政府有條件跟本地市民發展更緊密的關係。而以上所講的，均可以在不會引起中方疑心的情況下進行：

⋯⋯假如增加立法局議席能順利進行，我想我們可合理地期望，踏入八十年代的香港將會有一個已經擴大了，而且成員來自各個社會階層的議會；而政府某些負上重任的範圍，亦會掌握於本地非官守議員手裏。整個轉變的基礎在於廣泛草根團體在民政署的協助下發展，這些團體在其社區裏及諮詢委員會裏扮演有用及實際的角色。我相信這本身便很有意思；若然做得好的話，這可成為八十年代所要面對的困難處境時的一種額外力量。但我需要小心留意新安排和新人物在現實中的表現。無論如何我們都難以負擔因在香港的弱點或派系鬥爭，而令中英之間問題的解決辦法變得複雜。問題的解決不單要求判斷與決定，而且還涉及市民、非官守議員、港英政府，以及香港與英國政府之間的信心。（同上）

以上分析剛好跟麥理浩所寫的1975年周年報告互相呼應。在該報告裏，麥理浩形容香港之現狀乃「由一個三腳架所支撐。那三隻腳是：英國政府的支持、中國政府的政策、與香港（憑着它那能抗逆及吸納膨脹人口的經濟）的能力」。他有意「憑着改善政府與市民的關係來建立第四隻腳。這是以社會進步、更緊密接觸、更開放及反應敏銳的政府工作，以及逐步增加參與機會，而逐漸形成一種能代表國家認同的市民自豪感」（FCO 40/707: "Hong Kong: Annual Review for 1975, 23th January 1976"）。但這第四支支柱必須與現存的三腳架相互配合，而不是取而代之。它的功能在於鞏固既定的政治平衡與現狀，旨在保持香港的政治穩定。

尋找草根背景的領袖

1975年4月麥理浩跟卡拉漢會面，會上後者毫不客氣的指出：「在英國工人運動的界別中，香港的聲譽並未佔上一個高位。」（FCO 40/613: "Record of Conversation between the Foreign and Commonwealth Secretary and the Governor of Hong Kong held at the Foreign and Commonwealth Office on Friday 11th April 1975 at 11.30 a.m."）麥理浩反駁 些在英國流傳的意見「並無確實的基礎」。他進一步解釋，很多人在英國並不理解立法局的運作像一個內閣多於一個國會。但他同意：「在適當時機有需要包括一些來自收入較低的階層的成員，而香港政府正密切留意參與互助委員會的人士當中，會否出現一些領袖。」有趣的是，卡拉漢老實不客氣的回應：「作為行政人員，他能明白要為立法局挑選高質素的成員，

但這樣的論點在此〔即倫敦〕則沒有什麼政治份量。」面對倫敦如此態度，麥理浩必須挑選跟工人階級有聯繫的新成員進入立法局。

在1975年的施政報告裏，麥理浩指出因為議員工作日趨繁重，立法局議席有擴大的必要。他又指出過去議員以整個社會的利益出發來參與討論，而不是單從某一政黨、社群、專業、社區或階級來考慮問題（香港政府，1976）。他肯定這個傳統之後，卻補上一句，強調政府應廣開言路，不單找來不同專業經驗的人士，還應包括不同社會背景。

到了1976年，麥理浩要面對的問題是如何將那些說法付諸實踐。首先，他想避開來自倫敦（主要是英國工會）的壓力，盡量避免將本地工會成員或代表以一種制度化的形式委任為立法局議員。由於香港工會運動存在親北京與親台灣的兩大陣營，給予工會一個正規的政治代表身份，勢必會將國共之間的矛盾與衝突正式引進香港的政治建制。[24] 如上文提到，麥理浩跟外交及聯邦事務部的官員均不想出現這種情況。於是，麥理浩多番搬出互助委員會作為發掘來自草根的政治領袖的另一途徑。互助委員會的另一作用，是防止有人利用設有選舉議席的市政局，作為擴充公眾參與及吸收政治領

24　獨立工會冒起於七十年代，但它們似乎並未得到殖民政府的信任。再者，以它們當時的實力，實難從親北京和親台灣的工會手中取得作為工人階級的政治代表的地位。

袖的渠道。在較早之前，他曾強烈表示：「香港並無空間容納一個
擁有廣泛權力的次一層政府。香港地方太小，不宜分散。市政局
選民資格可以擴闊，而非其功能。如果擴闊它的選民基礎而導致
有要求擴充其權力，這是要反對的。鄉委會及互委會代表着一百
萬市民，它們其實較只有約十萬選民的市政局，更能真確表達民
意。」(FCO 40/613: "Meeting on Possible Constitutional Changes:
Government House Hong Kong, 12th January 1975")

所以，當麥理浩要在1976年啟動立法局的轉變時，他的第一
個動作是將所有議席的數目增至四十六個。更大的挑戰是關於如何
挑選新的非官守議員。他曾向倫敦表示，將來委任三名「不同類型
和有參與互委會」的新成員 (FCO 40/625: "MacLehose to Duncan
Watson, 23rd October 1975")。於1976年9月獲委任的新成員有八
位，其中兩位有參與勞工服務的經驗。梁達誠先生跟親台灣的工會
組織有聯繫，但態度合作。孟嘉華神父 (Rev. Patrick McGovern)
是熱心於社會服務的耶穌會傳教士。他在1965年擔任堅尼地城明愛
社會服務中心的主任，後於1968年創辦勞資關係協進會。他長期服
務草根階層，同時又保持着一個獨立人士的身份。以上兩位新成員
之委任，可應付英國工會的關注與壓力，

至於委任有草根背景的新成員，除前面兩位有貼近草根的經
驗之外，麥理浩亦委任了班佐時牧師 (Rev. Joyce Bennett) 和王霖
先生。前者長期投入教育服務，同時一直關注貧窮社區的需要。至
於後者，則在九龍巴士公司當站長，熱心參與「撲滅暴力罪行」運

動。他被視為殖民政府推動社區發展而成功培養的基層領袖的象徵人物。以上委任的新成員，可理解為港英政府擴闊立法局成員的社會背景的嘗試。

可以這樣說，麥理浩並未能兌現他原來說要委任三名有互委會背景的新成員的承諾。麥理浩向倫敦解釋，互委會尚在早期發展階段：「互委會發展良好，而以它們只在近期才成立，能為市民所接受，成為香港生活的一部分。不過，我傾向認為要再等待一會，才將它的成員推薦給立法局考慮。」（同上）但又再表示，基於倫敦的關注，他會繼續物色適合的人選。

值得注意的是，回到香港，殖民政府對互委會的評價又是另一回事（參考第六章）。與此同時，它跟基層組織的聯繫亦並非如麥理浩向倫敦所陳述的。何鴻鑾（Ho, 2004: 99）在他的回憶錄裏曾記下當年尋找草根領袖的緊張狀況：

> 一件印象深刻的事情，是港督通過民政署長黎敦義所發出來的命令。急徵：草根背景的人選，供立法局委任為成員！……非官守議員（即非官方成員）多為成功的生意人、銀行家或專業人士，再加上少量的工業家、校長及參與志願的人物。十多名男士和兩位女士：全都是中產階級、能操英語。很少人會不贊同是時候改變一下那個組合。一個理性的做法是從「草根」中選出幾位，先讓他們在一些沒有那麼顯著的範疇內試用一下，然後再挑選出最成功的那幾個。但這不是

麥理浩爵士所為，我指的是當時他的做法。必須要立即去
做！

何鴻鑾的回憶片段之所以特別有趣，原因有二。一是它反映出
當時殖民政府要在其一手培植的基層諮詢和參與系統裏發掘領袖人
才，是如何困難。二是它有力地說明殖民制度的低度「能見性」。
作為本地高級政府官員，何鴻鑾相信亦無法掌握政府施政或港督的
決定背後的微妙政治。他跟一般市民差不多，只能看見麥理浩的動
作（盡快提拔來自基層的領袖到立法局），而未能察覺背後是頗複雜
的宗主國與殖民地的政治關係。[25]殖民政治的另一套邏輯在運作，
連當局者亦未必一定了解。[26]

小結

要全面整理對所謂「麥理浩時代」的分析，大概不可能在本
文的篇幅之內做得到。但以上的討論，多少可總結出一些初步的觀
察。首先，是「麥理浩時代」之所以跟之前的施政有所差別，不在
於哪一位港督更有社會改良的傾向（事實上，有不少項目在戴麟趾
時期已經開始了），而是背後推動各種政策的想法有所不同。在以
上各部分的討論裏，我一再強調他是從英國外交政治需要（尤其是

---

25 何鴻鑾的回憶錄裏亦有提及另一宗事件，關乎社會福利的檢討（Ho, 2004：
120）。同樣，他對Heppell重臨香港，認為只因為事隔五年，又是時候看看如何改
善香港的社會福利。對於當時來自英國的壓力，全不知情。

如何準備在八十年代期間跟中國討論香港的政治前途），來管理香港在社會、經濟方面的發展。本文的討論焦點，不在於麥理浩的想法、方法是好是壞。我可以想像，假如麥理浩或倫敦方面需要為自己辯護的話，他們最有力的解釋就是正如麥理浩於上任前的內部討論所講，這樣的部署會督促殖民政府在社會、經濟發展方面多做工

---

26 有關麥理浩在政治改革方面的表現，當然以1980至1981年期間推動地方行政改革，成立區議會制度為一項重要工程。由於這是麥理浩於1979年3月訪問北京，跟中國領導人鄧小平見面之後才推出的改變，難令人猜測究竟這是否英方面對中方的一項部署。是否真的如此，有待日後更多檔案開放以後，應會有一個更可靠的答案。就目前已開放的檔案所見，英方對麥理浩訪京後的形勢分析，是中方之所以拒絕了他們對調整新界租約約滿日期的意見，乃太急於提出建議，而下一步的工作仍在於處理條款中的技術問題（FCO 40/1156: "Meeting between the Minister of State and the Governor of Hong Kong, 11th January 1980：Land Leases in the New Territories and the Future of Hong Kong"）。由此可見，當時倫敦和麥理浩均未有即時準備去殖民地化的政治部署。通過地方行政來將一些權力下放，更有可能是回應當時國會議員的壓力。曾到訪香港的國會議員從本地壓力團體及市政局議員，了解到市民對增加政治參與的訴求，於是開始向倫敦施壓。香港市政局議員到英國請願（1979年10月）、英國議員反映香港的民主訴求（同年12月），以及150名國會議員聯署「早期動議」爭取改革市政局，成為了一股壓力，亦因此而促使倫敦與麥理浩商討有關事項（FCO 40/1156: "Meeting between the Minister of State and the Governor of Hong Kong, 11th January 1980：Democratic Reform of Local Government in Hong Kong"）。他們之間的共識是為免引起中國懷疑，不宜在行政局及立法局進行民主改革。而他們對市政局的評價頗為負面，所以也不會同意以市政局議員的建議來進行改革。於是他們覺得可於地方政府層次（總之是在市政局以外），尋找開拓改革的渠道。Blaker的建議是港督成立一個獨立調查委員會，探討如何進行改革。改革的範圍可事先表明不會觸及更高層次的選舉，以免刺激中方。他認為這樣的安排較易為國會議員所接受。但麥理浩表示他較傾向選擇一種「實際的按部就班」的做法，於每一階段向外公開發表聲明，交代進展。他想先在新界的地區諮詢委員會注入選舉成份，並以荃灣作為實驗個案（同上）。在那次會議之後，港英政府於同年6月發表《香港地方行政的模式綠皮書》。一如以往，麥理浩以他的方法來化解來自英國的壓力——區議會只是一個地方諮詢組織，而並非（至少在當時是這樣）含有民主化意義的地方政府。

作，應與殖民地市民的利益（至低限度於物質層次上）是一致的。
在這裏我感興趣的問題是——剛好跟很多坊間流傳的說法相反——
「麥理浩時代」及其管治的最大特點，不是不談政治，只重視行政
管理，而是有十分清楚的政治目的。基於他的外交政治的考慮，他
將香港社會經濟發展連繫到一個有目標、方向及中、長期考慮的框
架。他所提出的政策及改革，也不僅是化解1966年及1967年騷動、
暴動所呈現的危機的回應。

第二、前面所說的，並不等於認為麥理浩的施政都是中、長
期的部署。如上文所討論，在他出任港督期間，因為有來自英國工
會的壓力，倫敦與香港之間曾出現相當緊張的關係。這種來自宗主
國的政治壓力並不顯眼，而且很容易為人所忽視。但本文的討論應
可令讀者明白，作為殖民地，港英殖民政府統治之下的香港不可能
完完全全不受影響。事實上，宗主國與殖民地之間微妙的關係必須
是1997年前香港政治分析的一部分，而且需要分析其影響力。過去
缺乏這方面的討論，乃因為大部分研究員都未有充份正視香港的殖
民性。

第二、面對來自倫敦的壓力時，麥理浩一直嘗試左閃右避，
免得在香港所推行的政策，由英國的政治議程來支配。從某一個角
度來看，那是爭取香港的自主性。但從另一個角度來看時，則香港
錯過了一些較徹底的政策檢討與改革的機會（關乎勞工保障、社會
福利，以至公共理財的方法）。同樣，跟前面所提出的討論角度一
致，我的興趣不在於爭辯究竟這是好事還是壞事，而是從分析的角

度考慮，這顯示了過去有關研究及討論的不足。以往不少論者往往
都將焦點放在麥理浩本人身上，傾向於以他個人的想法、管治作風
作為解釋的主要因素，而未有更細緻的考慮到宗主國及殖民政府的
政治需要與部署的作用。同時，一般也未有深入分析他的治港理
念，便從事後的社會效果，來評論他的功過。在很多人眼中，他是
一位改革者，並從這個角度來分析和解釋他的施政。明顯地，這類
討論既不了解倫敦與香港的互動，則會忽視在地的殖民政府官僚的
政治考慮。麥理浩是否一個改革者之類的討論，肯定是太過簡單。
他在反抗倫敦的干預時，有殖民政府本身的考慮。而殖民政府官僚
的考慮，不一定是以市民的利益為先，而是涉及政府與既得利益之
間的議價能力、權力關係等。我們也可以想像，這些官僚不會喜歡
見到自己的角色淪為倫敦所定下的政策的執行者。

　　第四、這種偏向集中在港督政令的討論，很容易以他有無善
意，來解釋一些殖民政府的施政，而低估了民眾在爭取政策轉變的
角色（呂大樂、龔啟聖，1985；Chiu and Lui, 1997）。限於篇幅，
本文未有機會討論當時正在冒起的壓力團體與從英國來訪的國會議
員的互動，以及在倫敦所產生的政治效果。當然，我無意在此誇大
那些影響力，但沒有本地的抗爭，那個政治議程也很可能不一樣。
在這裏提出這一點，旨不在於否定殖民政府在六七十年代所進行的
改革（事實上，各項政策的轉變都實實在在），而是想指出：如果沒
有來自社會內部的訴求和壓力，則一些改革的規模、深度，都未必
會如後來所見到的情況。

　　第五、「麥理浩時代」之所以可以持續地以神話的形式在香港社會流通，其中一個原因是，很多香港人只看到港督的政績，而忘記了他的不足：「十年建屋計劃」無疾而終，此其一；互助委員會並沒有如他預期般成為開放政治參與、吸納政治人才、鞏固日後放權的渠道等等的一個有效政治系統，此其二。在憲制發展方面，其實他是相當保守、審慎，將曾經想過的改革的需要，束之高閣。至於他努力爭取市民的信心與信任，也並非全因港英政府施政的結果（呂大樂，2007）。簡而言之，在未有一次系統的檢驗之前，「麥理浩時代」已被捧為一段「黃金歲月」，差不多理所當然的視為昔日美好時光。到了今天，這個神話還在流傳。而在歷史檔案陸續開放的時間，或者是時候多一點反思，重新整理我們對當代香港社會的認識。

兼論七十年代出現的政府與社會的新關係

不是回憶錄

我並不認為我們需要親歷其境才可以對某個年代、事件有深入的了解。如果這樣的條件有所必要，則恐怕我們便無法研究歷史了。

我甚至相信，個人的經歷、記憶，往往會成為一種障礙，影響我們接觸、理解、分析歷史。我們每一個人的經歷、記憶都有其局限，或者它們有一定的參考價值，可是總不能單單只憑着它們，來了解那個時期或在那件事情上發生了甚麼事情。通過個人經歷、記憶來書寫歷史，那是回憶錄。

本書不是回憶錄。在某些章節我加插了一些自己的親身經驗，那主要是既想將討論和分析的現象拉到身邊，添上一份個人的觸覺，同時也想提醒讀者，那其實只是我個人的感受、看法，換轉到另一個角度，可能又別有一種理解。所以，動筆的時候，心情經常相當矛盾——一方面，很想讀者投入我呈現的七十年代，但另一方面，又覺得有需要給他們知道，在閱讀的過程，必須保持一定的距離。

　　所謂保持距離,是讀者應該意識到我的論述、分析的局限。尤其是我所顯現出來的七十年代香港社會,是由我的視線所看見的香港。在我的期望之中,本書所提出的一些看法,是討論的開始,而不是一堆結論。關於如何理解當代香港社會,還有很多未填補的空隙、被忽略的個案、開放討論的議題等。

在矛盾與衝突中構成的香港社會

　　有讀者認為本書避談社會衝突、社會運動。的確,整本書裏並沒有一章專門以社會運動為主題,至於是否迴避社會衝突,則可能是觀點與角度了。書中〈矮化的公民概念〉的那一章,其實涉及當年殖民政府在社區層次上的社會控制,而存在於討論的背景而可能未有很直接交代的,乃當時正逐步壯大的城市社會運動(呂大樂、龔啟聖,1985)。港英政府發動了兩次大型動員,發動社區人士參與清潔運動、撲滅暴力罪行,又推動互助委員會,嘗試建立新的基層組織,但在發展過程之中,遇上不少挑戰,而其中一種挑戰正是來自其他社會力量(如文中引述政府檔案所提及的壓力團體)的抗衡,而政府為此亦覺有點頭痛。所以,或者我會這樣自辯,本書沒有迴避,只是未有更明確地凸顯社會衝突、社會運動在構成當代香港社會過程中所起的作用。就着這一點,值得在此略為補充。

　　七十年代香港社會的有趣一面,是曾經在戰後的社會政治環境裏扮演重要角色的國共兩大陣營,在社會上的意識形態、文化、政治號召力,逐步淡化。必須強調,這並不是説它們的組織力出現弱化,事實上它們在整個七十年代,以至八十年代依然活躍,而親北

京力量在中英談判之後，更是找到新的位置與角色，大張旗鼓。這裏所講的，是傳統國共的那兩套，在七十年代的十年裏，逐漸由另一種論述所替代。

這個轉變明顯地表現於七十年代前半段與後半段的兩個不同面貌。從事後的角度來看，我們很容易會得出結論，認為前半段只是過渡性的插曲，很難抗拒朝向後半段的轉變。但在當時的環境裏，感覺一定很不一樣。這是我在〈無關痛癢的1974〉一章裏想呈現的一種感覺。今天，偶有機會接觸到一些年輕的研究員，他們難以明白，在1967年的暴動之後，為何事隔幾年竟然有一批具社會參與意識的大專學生——而且為數不少——不單未有疏遠北京，甚至向左轉，嚮往毛時代的中國大陸？如果六七暴動是當代香港社會發展的分水嶺，那怎樣解釋當時的一股「中國熱」？

到目前為止，我們對當時年青一代（尤其是教育水平較高者）的心態，了解依然有限。我在〈殖民冷經驗〉一章，嘗試間接地處理這個問題，但明顯地那並非完整的答案。而在這裏的補充，相信亦只可以是探討這個問題的開始，對提供一個答案仍有明顯的距離。[1]現有的研究和討論大致上指向兩點共同的觀察。首先，中文運動（1968－1971）[2]和保衛釣魚台運動（1970－1972）是1966至

1　究竟應該以哪個社會事件或團體作為了解當年青年學生參與社會的起點，其實是可以辯論的。在本文我以爭取中文成為法定語文和保衛釣魚台運動作為介入點。但必須指出，早在1963年便成立了「香港大專學生社會服務隊」，此乃跨校組織，以社會服務為主要活動，凸顯義務勞動的精神。參考林愷欣（2011）。

2　關永圻（2015）的文章為爭取中文成為法定語文運動提供了全面和深入的記錄與討論。

1967年兩次騷動後出現的大型社會運動，當中大專學生扮演重要的角色。第二，它們都有着民族主義的取向。[3]但必須指出，這個民族主義的詞語的內容，既不穩定，而且空泛。事實上，隨着社會運動的發展，民族主義的內容亦起了變化，我們不能簡單地、靜態地解讀它的意思。

這裏所講的變化，不單是指由中文運動到保釣之間民族主義在內涵上的轉變，而是前者一路發展過來可分為兩個階段（羅永生，2015）。前期的動員基礎似乎是群眾「直覺認為香港大多數市民只懂中文不懂英文，他們的母語應受尊重賦予法定地位的社會正義原則，及作為中國人不能夠接受自己的母語受到歧視的民族主義參與運動」（關永圻，2015：172），到了後期則開始有聲音將運動連繫到民權、民族平等、民族權益等議題上（羅永生，2015：12－13；頁碼以網上平台下載的檔案作為參考）。這類討論見諸於《中大學生報》之上，其代表性可能只局限於部分積極參與的大學生而已，因此我們必須小心理解，以免犯上以偏概全的錯誤。可是，意

3　不過，參與其中的左翼領袖相當強調運動中反殖的取向。當年是刊物《70年代雙周刊》核心人物的莫昭如有這樣的看法：「中文運動不單反映了當時年青人對殖民地種種不合理措施的不滿，同時更顯現了年青一代在失落與無根的情況下尋求出路的心理需要。中文運動其實是一個反殖民主義兼帶有民族主義色彩的運動。」（香港專上學生聯會，1983：65）而毛蘭友（原1973年於《70年代雙周刊》發表，轉載於香港專上學生聯會，1983）在他的文章〈香港青年學生運動總檢討〉裏指出，「……一個孤立的運動客觀上的失敗，卻為另一個更高一級的社會運動打了相當程度的基礎。……中文運動前，『殖民地香港政府』、『反殖民地主義』等各名詞，幾乎是左派的專有名詞，但到了中文運動後，在釣魚台運動中，已在青年學生刊物中頻頻出現，其間相隔只是兩年而已。在這個意義上，中文運動雖然是個改革式社會運動，但在歷史發展中，卻成為突破改良主義幻想的一個重要過程。」（香港專上學生聯會，1983：119）

識到這類主張未必有普遍性之後，又得承認它確實提醒我們要考慮一個重要的問題：民族主義傾向本身並非固定在某一種政治選擇之上，它可以表達為一種身份認同，但也可以是權利的爭取，以至權力上的再分配。社會運動及其動員未有朝某一個方向發展，相信並非偶然，而且頗能反映當時組織者與參與者的心態。

由中文運動的展開到它的進一步行動，以至保釣的動員，社會運動的發展並不是將民族身份認同轉化為貼近日常的民權、民族平等的反殖議題，而是更多摸索個人與國家的關係。未有出現民族認同、身份認同跟爭取平權的抗爭的連結，部分是由於當時親北京的政治力量對該運動抱懷疑態度，以為鼓動民族感情的背後，另有動機（關永圻，2015：171－173；羅永生，2015：15－16），以至最自覺將這兩種政治接合起來的政治系統，並未有介入這場社會運動。但更重要的是，事後的發展——無論是所謂第二階段的中文運動（即1970年年中之後），或接下來動員力更強的保衛釣魚台運動——基本上都是偏重於身份與認同的摸索。而實實在在嵌於本地的社會政治制度框架內，並以改善生活和爭取權益為議程的社會運動，是之後在另外的平台、軌道發展起來的，關於這一點我們後面再談。

保衛釣魚台運動始於1970年台灣及香港在美國留學學生對釣魚台島之主權的關注（邵玉銘，2013：18），1971年1月他們在美國多個城市組織遊行。香港方面，文社「開放社」率先出版特刊（雷競璇，2015：186），接着《明報月刊》亦有報道（盧瑋鑾、熊志琴，2010：129）。而第一次示威，則是1971年2月18日到日本領事館遞交抗議信。有關整個運動的發展，不是本文的重點，在此不作

詳細交代了。由上述示威抗議開始到1972年5月13日遊行為止，這個社會運動歷時一年多，多次動員而有過千人參與，在當時香港的環境來看，乃大型的社會運動（雷競璇，2015：193）。

保衛釣魚台運動的組織者的政治取向並不劃一，而青年學生運動中內部的政治張力，亦隨着保釣運動的進一步發展而逐漸形成，日後更加明顯的分歧，甚至可以說是早就埋藏其中。在此我更感興趣的是當時運動的主要取向，而在這個問題上，雷競璇（2015：200）有此總結：

〔1971年〕7月15日美國總統尼克遜宣佈將於翌年初訪問中國，此事對日後保釣運動的發展影響很大。台灣國民政府當時和美國、日本有外交關係，但在釣魚台問題上表現軟弱，留美學生逐漸覺得失望和不滿，北京和美國進行接觸，令留學生和保釣份子注意到北京的巨大潛力，於是希望多了解中國大陸的實況和發展，保釣運動由此而注入了關注兩岸政治的成份，再後來，愈來愈多保釣份子認為中國不統一的話，保釣的目標無法達成，於是，保釣又朝爭取中國統一的方向轉變。

在運動發展的過程中，中華人民共和國成為聯合國會員國，總理周恩來接見台灣留學生保釣領袖，香港大學學生會回國觀光及彙報，令原來在年輕人之中恐共、反共的看法起了變化。「保釣運動也從開始時比較單純的民族感情為主，變得政治化，既抗議美、日勾結相授受，又責難台灣國民政府軟弱無力，進而寄希望於北京，

感到有重新認識國情的需要，在香港，再加上抗議港英政府鎮壓，爭取集會自由的訴求。」（雷競璇，2015：202）[4]

　　由中文運動到保釣運動，我們可以看見所謂的民族主義取向，一直在發生變化。不同政治力量的意識形態、拉攏的工作當然相關，但未至於是全部。所謂「……中共對青年的統戰工作如何影響香港的文化政治格局，在青年人當中產生由右至左的急劇思想轉變」（羅永生，2017：77），其意思必須放到當時宏觀的歷史環境下（尤其是台灣在美、日面前的怯懦）來考慮，而不單純是統戰工作見效。與此同時，我們又可以觀察得到，抽象的民族主義取向大概也不太可能長期抽離於現實中的政治，而不嘗試為那份感情尋找一個歸屬。[5]在當年的社會政治環境裏，中華民國與中華人民共和國的影響力，正處於此消彼長的狀態，青年學生「向左轉」，反映了政治力量的對比。

　　但這引伸出另外兩個有待回應的問題：一是關於如何解釋青年學生對文革時期的中共的嚮往；二是關於為何這種精神上的嚮往，

4　當時身在美國的古兆申也記下這一筆：「4.10示威後，曾經參加保釣的同學都普遍左傾，即使不左傾也重新思考兩岸政治問題，至少是一個重新評估中國政治形勢的開始。」（盧瑋鑾、熊志琴，2010：131）而當時留學芝加哥大學的台灣學生林孝信，同樣表示美國跟中共在外交關係上的變化，帶來巨大衝擊，「部分『保釣』學生很明顯地開始關心起中國共產黨及中國大陸，到後來還和社會主義產生了共鳴。許多『保釣』學生據說就是在這時候真正開始向左傾。」（本田善彥，2019：67－68）

5　蔡寶瓊這樣描寫早期學生運動的民族情懷：「……與後來的愛國主義活動比較，這個時期所標榜的民族認同和愛國主義是獨立於共產黨和國民黨兩個政權之外的。……這個時期的學運，清楚提出了解決目前困擾的方法，就是認同中國，展開愛國的運動，不過，與下一個全面認同共產中國的階段比較，這個時期的所謂中國，是以五四時期為下限的中國……。」（1990：159－160）

猶勝於進入殖民制度的框框內尋找出路。當然，這兩個提問是互相
關連的，而答案可能就是同一個——在殖民處境下成長與生活，令
當時香港年青一代對周邊的社會環境有一種疏離感，他們或者可以
在既存的渠道、階梯上得到回報，滿足物質上的欲望與需要，但卻
不是尋找終極關懷或實踐理想的途徑。對中國的嚮往，來自於一種
對自身處境的否定：

> 七十年代初的中國政府之能夠成為「國粹派」（姑且從俗名
> 之）所研習，甚或嚮往對象，本質上，是它逐漸由有距離的
> 「他者」轉成我們變革「自身」的參照者。這個過程它能在
> 七十年代初成形，其實正折射着香港社會「自身」的不堪。
> （張秉權，2011：28）

而這種嚮往又源自於理念、意識形態，對一種主義的擁抱，以
至可以出現在理解上的一百八十度轉變，由懷疑、批評、否定「毛
時代」的社會主義中國，變為熱情地追隨、支持。[6]古兆申作為當
時身處其中的年輕文化人，對自己的經驗有這樣的看法：

> 我們的好處是有點隔岸觀火的性質，火光映過來時我們也會

6　當時年青知識份子對中國的看法，如何尋找民族出路，是另一個切入這個討論
　　的維度。參考羅永生（2014）。由包錯石（1968）執筆的文章〈海外中國人的
　　分裂、回歸與反獨〉，將分裂的中國理解為海外中國人失落的原因，而回歸中
　　國，並且通過動員社會上的積極因素來推動現代化，就是「海外中國人的歸屬」
　　（1968：4）。這篇文章及其牽動的討論，在年青文化人、學生的圈子反應熱烈。

覺着熱，但畢竟隔着河、隔着海，還有呼吸、冷靜的空間；
壞處則是我們看不清楚，特別是知識份子很多時候理論先
行。我們否定或肯定文革時，都可能從理論層次多於從實踐
層次去思考，所以保釣運動使我們對文革的看法有所轉變，
從否定變成肯定。（盧瑋鑾、熊志琴，2010：150-151）

當某一個意識形態框架成為了認知、理解、判斷、回應的參
考時，之前視之為問題的東西（例如物質生活條件的不足），赫然
轉為接受那是更合理的安排（例如平均主義）。放在當時冷戰時代
的政治、經濟、意識形態二元對立的宏觀環境底下，作出選擇便往
往由一個陣營跳到另一個陣營，今是昨非。「毛時代」那套意識形
態的吸引力，是給年青學生一種道德感召（香港專上學生聯會，
1983：100），填補了當時的香港社會的道德真空、半真空的狀態。

另一種選擇

港英殖民政府在七十年代初期亦有關注學生運動的出現和所謂
新左派的激進團體（HKRS 1071-1-11："Chinese Youth behind the
Current Agitation: their Grievances, Motivations and Aspirations, 18th
September 1971"；FCO 40/364："Activities of New Left Groups
Amongst Students and Youth of Hong Kong, 3rd May, 1972"）。
由負責民政工作的部門所統籌的討論及對策文件所見，政府認為
兩大鼓動年輕人參與示威抗議的因素，一是他們日趨強烈地認為
社會存在不平等（並且沒有改善跡象）的社會意識，二是正在興

起的愛國情緒。當時的殖民政府自覺殖民制度埋藏着種種因素會成為青年不滿意現狀的原因，由較為貼近生活的居住房屋問題、教育問題、社會保障、貧富差距，到較為抽象的訴求如政制引入選舉元素、更尊重中文的地位等，統統都是有可能激起年輕人強烈反應的社會問題（HKRS 1071-1-11："Chinese Youth behind the Current Agitation: their Grievances, Motivations and Aspirations, 18th September 1971"）。在這份題為「當前躁動背後的華籍青年」的文件裏面，政府似乎也相當自覺殖民制度在方方面面都存在問題，而在六十年代中期以後成長的年青一代，他們所關心的事情顯然有別於上一代。「問題如身份的尋找、香港的政治前途、對上一代華人的價值觀疑問，開始成為他們關心的課題。對他們來說，單純是要生活在一個過時的政治體制如殖民地，便足以令他們感到不安，而上一代人則出於權宜之計而接受了這個事實。」（同上）

　　文件內的整個討論差不多視社會矛盾的存在乃既定事實，進一步分析是在於那些社會動員將會朝着哪幾個方向發展，及建議政府如何面對。具體的討論內容和向政府提出的建議，不見得特別有意思，也不是統統都採納為政府的工作或政策。舉例：討論指出過去青年工作太注重提供渠道讓年輕人發洩精力，而不重視「嚴肅的公民培訓」。但後續是否真的認為這是好主意，或有跟進工作，則頗成疑問。不過，這不是我們在這篇文章的重點。[7]

　　我對文件中最感興趣的部分，是關於政府對愛國主義的觀察：

7　有一點值得提出的是，港英政府對於陸續出現的社會動員，覺得是可控的。

中國愛國主義一直是一股潛在的力量。對年輕人中會思考的一群，香港似乎沒有什麼能滿足他們在追尋青年理想主義時的情感需要。在這樣的情況下，那不一定特別傾向於北京或台灣的愛國情懷，看來是提供了唯一的發洩情感的途徑；這對那些認為自己的社會地位和權利屈服於少數外國人之下的一批人而言，尤其明顯。這解釋了為什麼語文問題在華籍年輕人中間有如此廣泛的號召力（包括那些在英語授課的香港大學的學生）。這也解釋了為什麼那當初看來與香港利益無關的釣魚台問題，在號召年輕人方面能夠取代中文語文的議題。（同上）

　　文件的結論是：「愛國情緒估計在未來將會扮演更多角色。……接受中文教育的年輕人可能會組織運動，爭取與受到英文主導教育的青年的機會看齊。狂熱的少數可以想像會嘗試要求一個儘管不太現實的政治解決方案。一些人會要求獨立，其他則想香港歸回中國，而還有一批繼續現狀，但那將會是顯著地有別於現時的殖民制度。」（同上）

　　從上面的那段文字可見，當時殖民政府的情報系統，其實不太掌握那些投入社會運動的活躍份子的思想。[8]起碼對於青年學生對

8　另一份相關的文件是對「新左派」的調查與觀察（FCO 40/364: "Activities of New Left Groups Amongst Students and Youth of Hong Kong, 3rd May, 1972"）。文件內的分析認為香港的「新左派」較海外其他國家的實際，而當中的不同組織並非受某一種政治勢力所指使。中國愛國主義將來愈來愈有影響力，而「創建學院」的成員開始接受中共。

國家、民族的想像，所知不多。不過，在此我感興趣的是連殖民政
府也察覺到香港的殖民處境令年輕人疏離於現存的建制渠道，愛國
情緒或民族主義成為了他們尋找身份，追求理想的門柄，通過這個
方式來找到並且表達個人和集體的目標。如果殖民處境令他們感到
徬徨、失落，那尋根、回歸則幫助找到座標，為自我定位。愛國情
緒（包括視共產主義為一種可以改變中國命運，使它強大的社會經
濟制度）似乎給很多年輕學生填補了在殖民制度下生活的空虛感。

如前面的討論略為提到，年輕學生這一種身份上的摸索，主要
是概念、意識形態先行，[9]在一定程度上脫離於一般人的生活經驗
與感受。所以，當學生運動在校園內及社會上愈來愈活躍的時候，
甚至開始出現不同主張的派系（很多評論人所指的「社會派」與
「國粹派」的分歧與運動路線上的爭議），香港社會及一般民眾卻
默默地朝着很不同的方向前行。

學生運動在校園內的路線鬥爭，並未能在社會層面上引起強烈
的反應或相關的辯論。無論是「反資反殖」還是「認識祖國」（到
回歸之時，殖民地的問題便會得到解決），都似乎是一般市民大眾
難以跟隨的一條出路。到了七十年代中期，社會大眾的焦點逐漸集
中在香港社會之上。在1975年9月民政署編寫了一份題目為「公眾
對生活在香港的態度」的報告（HKRS 394-26-12: "Public Attitudes
Towards Living in Hong Kong, 25th September 1975"），當中的觀

9　當年學生組織自覺感性認識之不足而安排各種回國參觀團。但感性的接觸又帶來
　　另一種導向，因注重情感上的認同而對所見所聞缺乏批判。

察多多少少反映出民情的趨向。[10]報告將民眾分為三大類：（一）上層與中產階級、（二）那些成功攀升社會階梯，已建立事業，個人利益嵌於現有制度的一群，和（三）相對低收入的群組。報告內的分析的其中一個切入點，是香港是他們選擇為安居的地點。最富裕的第一個群組，當然是既得利益者，但有趣的是，報告中提到在1967年不少富裕家庭賤賣資產，遷移到美、加，可是在衝突過後回到香港時，發覺促使他們移民的因素只屬一場虛驚，而他們亦發現在海外生活殊不舒暢。至於處於中間位置的那一群小老闆、管理人員、專業人士，他們知道「如果移民到加拿大或美國，他們最多也只不過是取得由低做起的機會，而這是一個令他們痛心的想法，因為過去多年一直在香港努力而付出了不少汗水。未來可能並不確定，不過由於這不是個人能力控制範圍內的因素所決定，他們便認為沒有必要為此擔心。於是，他們集中精神和氣力，在自己的事情之上」。而較低收入的一群，尤其是藍領工人，「他們主要關心平日生活及影響他們家庭的問題，他們不太關心或擔憂其他的事情。議題如香港前途之類，太過遙遠和超出了他們的範圍，難以提起興趣。」

這畢竟是一份官方內部文件，雖然沒有必要把事情美化（否則便無內部參考的價值），但總有其從政府角度看問題的盲點。不

10　這是眾多的「MOOD報告」的其中一份。經歷九龍騷動及六七暴動的殖民政府為加強跟社會基層的連繫而成立的民政主任制度，其中一項工作乃了解社區民意。在1968年開展的民意收集工作有Town Talk，到1975年這演變為Movement of Opinion Direction（MOOD），就社會上的一些議題、動向，嘗試了解和進行分析，並對民情民意，編寫報告（Mok, 2019）。

過，話又得說回來，報告內的討論呈現了一種看法——在1975年，真的視香港為家，認真的談歸屬感，似乎依然言之尚早，但逐漸對上層、中層的人士來說，則似乎覺得在香港安定下來也是不錯的選擇。他們不是滯留在香港，而是開始認為這是可以留下來的地方。至於較低收入的階層，他們生活如常，或者感覺上有點無奈，不過開始「能夠享受勞動的成果」。

在香港生活，或者談不上理想，但比上不足，比下有餘。按這份報告所指，民眾開始關心一些很實在的社會問題，治安、犯罪、暴力罪行排在前面。「他們向政府求助，期望政府能制定有效措施解除威脅。」當然，民眾的看法跟政府的不一定一致，例如民間普遍覺得恢復死刑將有助解決問題，但政府並不贊成這種做法。當年香港經濟不景氣，然而民眾似乎沒有將責任放在政府身上。低收入家庭寄望獲得分配公共房屋單位來改善生活環境。不過，香港的一個根本問題是人口密度高，所有人都要面對人數眾多的問題，而低收入人士特別經常要輪候服務，而且那長長的等候隊伍，要求他們特別有耐性。

在另一份題為「公眾對香港政府態度的轉變」的報告（同樣是1975年9月）裏，政府的觀察是公眾的態度有所改變（HKRS 394-26-12 "Changes in Public Attitudes Towards the Hongkong Government, 18th September 1975"）。以實名投訴政府部門的個案增加了，而政府亦願意開誠佈公，正面面對施政的不足，「有關貪污的百里渠報告書全文公開，可視為經典案例。」上世紀七十年代的香港社會首次出現不同界別都開始以集體行動的方式來表達訴求：首先是由學生運動打破了兩次六十年代中的騷動、暴動後的沉

寂政治氣氛，將抗爭重新帶回街頭，再而是陸陸續續在社區發生的居民爭取權益的行動，然後還有公務員、護士、教師的工業行動，請願、記者招待會、遊行，以至集會，逐漸成為了香港社會政治生活的一部分（Cheung and Louie, 1991）。

　　一方面，民間社會向政府提出了很多訴求，民眾開始對殖民政府有所期望。另一方面，殖民政府能夠作出回應，並且通過大小不一的措施逐步改善民眾的生活條件。當然，民眾不是立即便停止批評殖民政府（見〈無關痛癢的1974〉），但他們在冷嘲熱諷之餘，開始等待政府的回應。而當政府又確實逐步擴大它的服務範圍，陸續推出更多能夠惠及大眾的措施時，社會抗爭與政府的互動，反而一步一步的改變了社會與殖民政府的關係（Lui and Chiu, 1999: 109-111）。正如〈公眾對香港政府態度的轉變〉報告內所提到有趣的一點，在不景氣的經濟環境裏，麥理浩政府繼續進行各項大型社會政策與建設，以至出現財政赤字。意外收穫是這幫助說服民眾，政府的盈餘及儲備真的是「香港的私己錢」，而並不是暗地裏送到英國。由於擁有這些備用的金錢，政府可以繼續興建各項計劃，而毋須額外徵稅。七十年代中期開始，一種新的社會與政府的關係正在形成，而民眾也開始對殖民政府有一份之前沒有的信心。香港成為了一個可以改變的社會。

第三空間

　　學生運動差不多可以形容為即時見效的影響有二。一是它將抗爭帶回街頭，給民眾展示——儘管一般人仍然害怕會因為參與抗

爭而闖禍——集體行動的可能性（余惠萍，2005：164；陸鴻基，
2016a：276）。二是學生畢業之後，投身社會，當中不少在工作崗
位上尋找實踐理想的空間。舉例：社區工作就吸引了一些原來不是
修讀社會工作課程的大學畢業生投入其中，部分後來進修而成為專
業社工，在社福機構工作，也有部分在其他志願機構，在邊緣社區
裏幫助居民爭取改善生活。而這正是政府快速擴充社會服務的時
期，也是城市重構的時期，在興建新市鎮的同時，將市區內的空間
及其他資源套入城市空間改造的過程。這造成大量拆遷、徙置、重
建，而在這個過程之中，以集體行動的形式來爭取居民權益，成
為了社會運動中的其中一個重要的組成部分（呂大樂、龔啟聖，
1985）。受外國教會資助的「社區組織協會」（「社協」）引入了
「社會行動」的動員模式，促進居民自己幫助自己組織起來，爭取
權益。

　　同時，香港社會正經歷六十年代中期兩次騷動、暴動後的重
構與整固。雖然殖民政府在七十年代推行的種種政策，不盡是回應
社會衝突（見〈「麥理浩時代」的殖民性〉），而且當中不少工作
更可視為之前的項目的延續，但在落實執行時，又確實是處身於一
個新的社會政治環境。其中有趣的一點是，回應之前大型社會衝突
所反映出來的社會矛盾，政府必須加強勞工保障。當時左派工會還
未走出六七暴動受挫的陰影，在取向上不參與建制或與官方渠道保
持距離，而同時又按北京「三分世界」的外交理論，英國及港英殖
民政府不是主要鬥爭對象，於是它們的角色就更多放在團結工友、
提供福利之上。在右派工會也沒有乘勢而進一步成長與擴張的情況
下，這客觀上為獨立工會提供了廣闊的發展空間。

　　具宗教背景的「勞資關係協進會」和「基督教工業委員會」（「工委會」）都是在六十年代後期成立的勞工組織，它們沒有國共兩派的政治考慮，更直接的回應其服務對象的需要。它們不只處理勞資糾紛，進行勞工教育，同時也倡議改善勞工權益的政策及法例改革。在政府也更主動考慮勞工保障時，[11]倡議及爭取訂立勞工法例來保障工人權益，成為了工人運動的新形態（潘文瀚等，2012：86−91）。

　　不過，論工業行動的發展，則「整個七十年代的獨立工會運動中，公務員工會的抗爭最為活躍。自政府1971年委任調查委員會檢討公務員薪俸制度、發表薪酬檢討報告、建立評議會及部門諮詢制度後，公務員抗爭行動不斷」（潘文瀚等，2012：71）。公務員工運有其特殊性，因政府不同部門、工種、職級的互相比較，令分歧不斷出現，糾紛也接連發生。而在此更為相關的，是這些工會組織及工業行動在左右兩派工會長期盤踞和領導的行業以外發生，改變了工運的生態。同樣重要的是，公營部門的工業行動刺激了相關界別的工運發展，護士薪酬運動對1973年文憑教師的工業行動有所啟發（陸鴻基，2016a：303），[12]而運動的發展又促成了「香港教育專業人員協會」（「教協」）的成立。

11　當中一股重要的影響力來自英國工黨和工會，港英殖民政府為了避開一些他們不願意接受的建議（如社會保障），於是在勞工假期等方面作出讓步，見〈「麥理浩時代」的殖民性〉。

12　陸鴻基（2016a：303）指出：「護士爭取『同工同酬』成功──亦即絕大部分護士獲得加薪。這對面臨減薪的小學教師自然是很大的鼓舞，尤其因為在政府與護士的爭議中，教師的薪級表也牽涉在內。」

　　「工委會」和「教協」的工作及後來的發展又不單純只是勞工
組織、工會而已。它們的發展形態和軌道很能夠反映出七十年代香
港社會的公共參與的機會與局限。在組織發展的過程中，它們逐步
走出了原來的框框，開始介入其他社會議題，也更多與其他民間團
體合作。如張文光談到「教協」的發展歷程：

　　教協也由教師工會，開始關心社會公義，慢慢跟一些進步的
　　壓力團體建立關係。可以說，金禧事件是教協的一個變質，
　　開始參與其他的社會事務，例如：反對日本篡改侵華歷史、
　　反對公務員減薪、反對通貨膨脹、反對電力加價等。……
　　（陸鴻基，2016b：129－130）

　　在殖民處境底下，參與或組織過抗爭的民間團體普遍地都有
種「路見不平，拔刀相助」的想法，覺得大家所遇到的不公義，與
殖民制度有關。而不同界別的民間團體亦多多少少因為它們站在殖
民政府的對立面，很容易會想到走在一起，建立一種（雖然可能極
其鬆散的）共同倡議或行動的平台（呂大樂，1994）。基於這種狀
況，「社協」、「教協」、「工委會」等民間組織並沒有將它們的
關注面、活動範圍局限於狹窄的空間，而是發展為多面向的壓力團
體。[13]不過，又由於殖民制度下參與政治的渠道的限制，它們也就
只是經常利用輿論壓力，以抗議、請願、集會等方式向政府施壓的

13　殖民政府在七十年代末注意到壓力團體的發展，並開始留意及監視它們的活動。
　　見Campbell（1980）。

壓力團體而已。待日後香港政治前途放上日程，政治過渡正式啟動，社會運動組織、壓力團體才紛紛轉型為政黨。

在此我想討論的不是香港政治的轉變，而是在七十年代裏這種新的政府與社會的互動，開始塑造出新的政府與社會的關係。香港是可以改革的，而殖民政府也可以是改革的一種力量。詹興義（〔1978〕 2007：227）在一期於1978年出版的《號外》寫了題目為〈香港政府可以是我們的〉的文章，當中他提出：「短期內，改良香港的主要動力仍然會是來自香港政府本身。民間的力量，功能將是督促鼓勵香港政府內的進步傾向。」我想指出，這種態度和主張跟七十年代初的想法截然不同——新的轉變是大家可以立足在香港這一個點上，做一些有意義的事情，令社會改進。

而我在整理《號外》三十年的出版歷史時，嘗試這樣理解它出現的社會、政治、文化背景：

第一期《號外》於1976年9月出版。而剛好在一年之前，香港觀察社成立。雖然兩者並無關係，但卻有一共通點：不再停留在舊有那種左右派（在香港，意思是親中共vs親國民黨）的二元化政治對立的思維，而以香港為立足點，提出一個本地社會的議程。這個以本地社會問題、利益為主題的議程的出現，代表着上一代「舊政治」的淡出；雖然國共之爭依然沒完沒了，各自繼續在香港搞統戰，但已經無以為繼，再難以主導公眾的關注和議論。新社會議程的出現超越了舊有的左與右之分，同時也擺脫了原來國共那種意識形態框架，給新左派、自由派、或其他新思潮提供空間，各自以其價值、

角度來審視香港的社會狀況。簡單一句，香港人已不甘心於只當夾縫——國共之間、中英之間——的群體；香港社會可以自成一體，有獨特的性格。（呂大樂，2007：4）

《號外》創辦人陳冠中談及當年舊事，他記得「1975年我當記者的時候，遇到社會議題，不會去找內外有別的左派，或陳詞甚高的左翼，只能去了請教我心目中的『幾個好人』，如葉錫恩與陳立僑，後者大概是當時在墮胎、吸毒等眾多社會議題上最開明的自由派」（陳冠中，2007：44）。在國共、左右的框架之外，香港社會正在搭建一個新的舞台，引來新人參與演出，劇本也開始改寫了。

新的關係

七十年代香港社會的一種集體經驗，是日常生活逐漸遠離昔日國共、左右的二元劃分的框框。這兩大政治勢力的內在變化（例如左派變得低調，避免直接衝擊殖民政府；而右派則因為中華民國的國際地位起變化，而出現弱化，步向邊緣），令殖民政府可以有效地將它搭建的建制成為了主流。由它所提供的社會資源，由房屋、醫療到教育，慢慢變為民眾期望取得，並且願意排隊及爭取獲得合理分配的東西。由殖民政府主導的社會系統得以主流化，一方面是政府的建設工作的後果，而另一方面，也包括了一般民眾對政府的態度的轉變。而七十年代香港社會有趣的地方，正是民眾開始提出更多的要求，不斷出現抗爭的過程，殖民政府通過作出回應，而鞏固了它的地位。到了八十年代，有評論指港英政府的認受性建立在

施政表現、政策產出之上，大概就是這個意思。

　　當然，殖民政府小心翼翼，並不想民眾以公民權的概念來理解彼此的關係（見〈矮化的公民概念：生活秩序與民間公共文化〉），擔心這樣會造成難以負荷的社會政治訴求；它希望見到的只是社區關懷和「市民的責任感」，而不是有代表性，真正分享政治權力的參與。基本上，殖民統治的秩序並沒有改變。不過，在一個相當寬鬆的框框內，愈來愈多的政策、資源分配的方式是可以修訂和改良的。而這個新的社會秩序超越了原來國共、左右的框架所能認知。在新興的社會運動、壓力團體當中，它們在有意或無意之間以請願、抗議的行動，暴露殖民政府施政之不足，令它尷尬，希望通過施壓而可以為民眾爭取利益。在實際的操作過程中，改良主義成為了主導的框架。

　　隨之而起的論述、關鍵詞是市民權利、政府回應市民訴求、官民關係、政府要承擔的責任、施政的效率與有效性、決策過程與向公眾交代等等。這種強調普遍性的論述抬頭，取代了過去國共、左右的既定的及鮮明的政治立場。普遍性的價值與標準可以應用到生活日常，而舊有的意識形態逐漸淡出。當然，這不是說那是一個不談意識形態的年代。剛好相反，新左派、西方馬克思主義、新自由主義在那時候陸續登場。不過，那跟過去國共、左右的二元對立很不一樣。

鳴謝：在搜集資料過程中，得馮志強的協助，及香港教育大學「啟動研究經費」的支持，特此表示感謝。

閱讀香港社會[1]

> 作為一處地方，香港有一定名氣；但作為一
> 個社會，卻差不多未為人所認識。它被廣泛
> 宣傳，可是卻差不多未曾成為研究的對象。
>
> （Jarvie, 1969：xix）

導　言

現在事後回想起來，當年的情況或者會令現在的讀者大感意外。大約在三十多年前，當我最初接觸香港社會研究的時候，在坊間流通的主要讀本，就只有幾本英文書。只要翻一下由Keith Hopkins編輯的 *Hong Kong: The Industrial Colony*（1971）、N. J. Miners 所寫的 *The Government and Politics of Hong Kong*（1975年初版）、Joe England和John Rear合寫的 *Chinese Labour Under British Rule*（1975年初版），就已經可以說是對香港社會有一番了

1　本文部分內容曾分別以其他方式發表：一是在 "Asian Sociology Workshop 2010"（2010年12月）會上宣讀的論文 "From Being the Other to Becoming the Local"，其部分內容以 "The Discovery of Hong Kong Studies" 為題的一篇短文在香港大學社會科學所出版的通訊《社科人》刊出。二是「七、八十年代香港社會研究專書」，刊於《讀書好》月刊，第24期，2009年。

解。[2] 必須留意，前兩本書屬當時香港大學入學試經濟及公共事務科的參考書，所以理論上就算對香港的社會課題沒有太大興趣，也有可能因為要參加公開考試而有所涉獵。不過，我們都會記得，當時經濟及公共事務科並非熱門科目。更重要的是，雖然就只得幾本專書，要從書本來認識香港社會，並不困難，可是就算如此，真的有興趣翻閱香港社會研究書籍的，其實人數不多。如上面所引用Jarvie的觀察可見，到了六十年代後期，香港依然缺乏屬於它的社會研究。

當 Jarvie 編輯 *Hong Kong: A Society in Transition*（1969）一書——該書是最早期的社會學及人類學的香港社會研究文集——的時候，有感而發：「在社會及意識形態方面，香港處於波濤洶湧的狀態之中；既非這樣，也不是另一樣。它仿如一個專為社會科學研究員而開設的實驗室，讓人觀察東西雙方的文化接觸、持續的經濟增長、差不多造成崩潰的快速社會結構轉變、一片混亂的價值與規範的變化；但雖則如此，關於這處殖民地的社會學研究，差不多未曾見諸出版刊物。」（1969: xix）儘管香港社會有很多引人好奇和值得研究的課題，但從社會的角度去了解香港，則在那時候尚未開始（Jarvie, 1969: xv）。

2　當然，還有更早已出版的 *Borrowed Place Borrowed Time: Hong Kong and Its Many Faces*（作者是 Richard Hughes，1968年初版）、由 G. B. Endacott 寫的 *A History of Hong Kong*（1958年初版）和 *Government and People in Hong Kong 1841–1962*（1964），以及 Ian Jarvie 和 Joseph Agassi 合編的 *Hong Kong：A Society in Transition*（1969）。當中只有前面兩本較容易可於本地書店見得到，其餘兩本則要到進入大學之後才有機會在圖書館找到。

基於其他興趣去了解香港

據 Baker（2007: 10）所講，第一位來香港做研究的人類學家是
Barbara Ward，她於1950年抵港，而田野研究地點在西貢的漁村。
後來相繼到來的人類學家，有 Pratt、Potter、Freedman 等，主要
興趣在於農村社區。[3] 他們的研究各有不同的焦點，但都有一相同
之處——他們視香港（更準確的説是香港的新界）作為理解另一
個社會的個案。他們心底最感興趣的，是中國研究。Jarvie（1969:
xxii）指出：「大部分來過這處殖民地的學者……乃基於非本質的
原因而對它產生興趣，如 Freedman 所言，『新界所能為研究提供
的，或者是傳統中國農村生活的最佳活生生的案例（儘管受到英國
殖民統治和現代轉變的影響）』。」換言之，對早期的人類學家而
言，他們想研究的是中國，而不是香港社會本身。香港的特點在於
它可以作為中國的替身：

> 首先而且最重要的是，中國本身以壓倒性的姿態存在。它一
> 直都蓋過香港，到現在依然如是。……研究中國的學者一向
> 都傾向選擇直接去到中國，而不是研究如香港或上海這些地
> 方。當中共政權不再容許外國學生進入，將中國封閉起來
> 時，香港對學者的價值就在於提供機會，想了解中國大陸
> 的，可以通過一些難民和出版刊物來進行研究。……而想研
> 究傳統中國社會的，多會選擇到台灣去。（Jarvie, 1969: xx）

---

3 Marjorie Topley 算是異數，她是早期在香港做田野工作的人類學家中，相當注意城
市生活的一位。

1949年中共政權的建立和之後冷戰的局面，對中國社會的人類學研究產生重大影響。Potter（1968: vii）承認：「作為最坦白真誠的交代，本研究乃一位飽受挫折的人類學者的研究成果，如果可以的話，他會選擇寫一本以第一手取得有關中國公社的資料的書籍。可是，基於目前的政治形勢，新界已是我能走到最接近中國的地方了。……跟其他研究中國社會的研究員一樣，我希望將來有朝一日情況會轉變到一個程度，可讓我們不用再通過訪問難民或以望遠鏡從深圳河的另一面窺視他們來研究公社。」而Potter（同上）是十分明白通過香港或台灣來研究中國的局限：「對這本書及所有以台灣作為中國或於香港取材的中國研究的其中一項批評是，這些地方都不是中國，而它們對了解傳統或現代中國的相關性亦很有限。我是完全自覺，甚至可以說是相當痛苦地了解到，新界並不是中國。」

不過，話雖如此，在冷戰及中國疏離非共產主義國家的網絡的條件下，對那些需要到中國社會做田野工作的研究員來說，他們別無他選。由於他們的研究興趣及焦點都在於中國，當年他們之轉到新界去做田野研究，實在不難理解。當中的原因，一項是關於可行性。同樣重要的是，如前面提到Freedman的想法，是新界農村乃傳統中國社區的替代品。[4]在這一方面，我們甚至可以說新界的個

4　當然，這裏涉及一個並非沒有爭議的假設，就是那些中國（或華人）社區——無論具體所在何地——都具備它們的「中國特質」。這裏關乎如何理解所謂的「中國特質」或中國文化，甚至對是否存在那樣的特質或文化，也並未有一致的看法。

案還可以為研究員提供額外的好處，這就是新界正經歷現代化與城市化的衝擊，而這給研究員一個大好機會去了解宏觀社會轉變如何改變傳統社區。

所以，在早期的香港人類學研究之中，研究員的興趣不在於香港社會本身，而是另一個社會——中國。如果不是因為當時的政治大環境，令他們無法踏足中國，相信他們未必會對香港有所好奇。我不敢說當年在他們眼中香港本來只是一個毫不相關的個案，但從上面的討論可見，他們是基於其他興趣去研究香港社會。

現代化理論下的香港研究

香港社會成為一個本身有價值的研究對象，要先經過一個迂迴曲折的過程。當社會學研究在六十年代後期逐漸成型的時候，研究員對香港的興趣還未真真正正的立足於本土關懷之上。對一些研究員來說，他們之所以發現香港，皆因覺得當時這個正在經歷現代化和城市化的殖民地，能夠配合他們嘗試了解工業化、城市化對傳統社會制度及組織所帶來的衝擊。在那個時期所進行的家庭研究，最能說明這種研究興趣與取向。如Hong（1970: 2-3）在他分析中國家庭於結構與功能上所發生的變化的研究中指出：

香港之所以被挑選為本研究的對象，乃因為它是目前工業化程度最高的中國社會……在本研究中，工業化和西化被視為影響香港家庭的兩大主要因素。

這種研究背後的假設是，華人家庭作為傳統或前工業社會的家庭的典型，會受到現代化、工業化、城市化及所謂的西化等影響，並因此而發生重大變化。香港既是華人社會，而同時又踏上了現代化的道路，對它進行研究，藉此了解傳統家庭正如何受到現代化的衝擊，可謂最適合不過。

類似的想法亦可見於六十年代後期、七十年代初期的社區研究。楊慶堃對當時選取工業衛星城市觀塘作為研究對象，有這樣的記憶：

在1969年我帶領一群研究社會學的同事登上五桂山上，觀看那在還不到十五年時間，便由作為廢物堆填區而以高速轉變為一個擁有五十萬人口的工業衛星城市觀塘的全貌。在社會學研究的意義上，那個景觀令人興奮，該城市的各個區位的組成部分，仿如一座玩具城市般就直接的展現在我們的腳下。它的規模似乎在我們的能力範圍之內，正好適合以香港的一個衛星城市來作為我們的田野研究之用。(Yang, 1981: xii)

而他又進一步解釋：

香港從一個寧靜的、頗為單一的殖民城市轉變為跳躍的、多元混雜的大都會，大致上跟隨着一種相當普世的區位模式，與工業世界中其他地區的都會無異。(Yang, 1981: xvi)

　　如上面一段文字所顯示，楊慶堃相當強調已工業化及正在經歷工業化的社會所要面對的普遍及共同的經驗——由現代化所帶來的快速及重大的社會轉變。在他的眼中，香港這個個案的主要相關性，在於作為一個踏上工業化、城市化、現代化的華人社會（而重要的背景是中國在面對西方社會的競爭和嘗試自強而尋找改變的失敗），將會如何證實或修改西方社會學理論。當然，我們亦必須公平對待楊先生，知道他並不是視此為一次單向的理論和研究的對話。如他所言，在香港進行社會調查的目的，「是要使社會科學適用於東方的土壤」（Yang, 1981: xxv）。

> 現代社會科學要面對普世應用和跨文化的正確性的問題，因為它是從有文化背景限制的材料中建立其理論性的結論。西方社會科學理論的正確性，以及在東方社會的社會科學教育使用西方的課本，需要在當地的環境裏進行研究、驗證和修訂。（Yang, 1981: xxv）

　　可是，由於受到現代化理論框架的影響，楊慶堃的提問十分重視那些「普遍應用於工業世界的趨勢的影響」。簡而言之，他傾向於將香港看待為一個「社會實驗室」，從它所經歷的社會轉變而了解一般社會踏上現代化的發展道路時，將會如何感受到工業化、城市化所帶來的衝擊。

> 核心家庭變得普及、趨向更為平等的家庭結構，以及那傾向較小型家庭的獨特選擇，種種變化均改變了部分傳統中國家

庭的理想的核心元素，而它們又曾經是不少傳統中國社會中
的基礎特徵。除了政府鼓勵家庭計劃之外，這些轉變並非由
港英殖民政府的政策所推動的結果，而是香港作為一個都會
所經歷工業化和城市化而產生的一種非人力的產品。值得注
意的是，核心家庭的普及化、家庭內部關係出現平等化的趨
勢，以及家庭人口的減少，乃工業世界中都會社區的共通特
徵。這些現象在香港變得普及，說明了這些普遍應用於工業
世界的趨勢的影響，而不會受到殖民地政策的意識形態企圖
所左右。(Yang, 1981: xxiii)

現代化理論給在地的社會科學研究員提供了分析問題的框架之
外，還樹立了一個參考座標——以一個概念中的現代社會（現實中
的參考個案為美國）作為衡量地方社會的發展狀況的標準。同時，
現代化被視為支配該地方社會的政治、經濟、文化發展的主要推動
力。在這個分析框架下，一個社會的發展，仿如有着一種既定的方
向，不能避免的要接受現代化的挑戰。從這個角度來看，地方社會
之所以令研究員覺得有趣，主要是因為它能說明這個分析框架的價
值及相關的宏觀社會動力的威力。當地方社會的表現並未如該理論
所預見的情況時，多數會理解為時間上的或基於文化因素而出現的
滯後，或遲或早會因受到現代化的壓力，而「迎頭趕上」。這樣的
討論與分析框架下的潛台詞，是為什麼該地方還未現代化？它需要
怎樣的條件才有機會走上現代化之路？在這樣的分析視野下，地方
社會的本土特色，往往會視之為次要。

由外而內：對殖民的批判與改良

七十年代的香港社會研究書籍的特點之一，是它們基本上都是英文著作。當年曾有一本由《七十年代》雜誌社出版的小書——在活躍的青年學生的圈子裏，視之為了解香港社會的入門書籍——《今日香港》（1974）。此書譯自 *Hong Kong: Britain's Last Colonial Stronghold*（1972），所以亦只不過是一本英文書的中譯本，而並非本土中文著作。關於當時缺少中文的香港社會研究書籍，稍後再談。在這部分我想指出的是，七十年代香港社會研究書籍中的其中一類，是從批判英國作為殖民者、揭露殖民主義的黑暗面，或主將社會改良的角度，來討論和分析香港的社會、經濟、政治發展。例如在1971年出版，並由曾是香港大學講座教授 Keith Hopkins（1971）所編輯的 *Hong Kong: The Industrial Colony* 裏，便強調六十年代中期的騷動、暴動，「可視為根深蒂固的社會病態的徵兆」（同上：xiv）。該文集之內的幾位作者嘗試分析政府的角色與責任，並嘗試探索殊途政策之可能性（同上：xv）。至於 J. Walker 所寫的 *Under the Whitewash*（該書未有清楚交代出版年份，估計是在1971至1972年間出版），作者在「導言」表明：

事實是在英國一般人對香港所知甚少，而這是在香港這裏尋求進步的障礙，這是由於每當需要有所改變時，我們總是收到通知，改變的決定必須來自倫敦。當然，那些決定從不出現。很多人都有感覺，覺得假如英格蘭更意識到，很多以英國政府之名而在這裏做出來的，那些必需的改革便不會久久

未曾成事。而或者在英國能有一種知情的民意，則可幫助舒緩至少一些香港社會所存在的不公義。(Walker, n.d.：1)

在這一類有尖銳批評的香港社會研究書籍之間，存在頗多元的政治光譜：有的較接近馬克思主義的批判（例如*Hong Kong: A Case to Answer*），有的是費邊社式的社會批評（如*Hong Kong: Britain's Responsibility*），有的或會給人一種感覺，是英籍作者看不過眼殖民政府的封閉和缺少為市民提供社會福利。但無論是從哪一種立場或角度出發，評論人的矛頭直指殖民政府，並且要求改變。

記得當年在香港，上面所講的兩本小冊子，均有以翻版形式出版，並在一些「二樓書店」發售。它們其實沒有什麼很新穎的分析，但都凸顯了社會上的不平等——由政治層面上的精英統治，到生活上對廣大的勞工階層缺乏保障——和尋求改革的迫切性。如果將*Hong Kong: The Industrial Colony*、*Chinese Labour Under British Rule*、*Hong Kong: A Case to Answer*和*Hong Kong: Britain's Responsibility*放在一起，一氣呵成將它們讀完，應可感受到在那個時期的香港社會研究，存在一個關懷社會、批判社會的傳統。

上述書籍、小冊子在香港或者只有少量讀者和在社會運動的圈子裏流通，但在英國則有過一陣政治漣漪。[5]相比之下，由Joe

5　關於*Hong Kong: A Case to Answer*，見英國國家檔案館檔案FCO 40/550，而*Hong Kong: Britain's Responsibility*，則見FCO 40/721。

England所撰寫的*Hong Kong: Britain's Responsibility*的影響較大。
這部分是形勢與時機的關係。該小冊子出版之時，正藉英國工會關
注香港勞工缺乏保障，令憑着低廉工資為競爭條件之一的香港工
業，對英國漸走下坡的產業構成威脅。工會施壓、國會議員提問
等，令倫敦覺得不能不回應。結果是向港英政府施加壓力，提出
要求（見第七章的討論）。而另一部分則是小冊子內的具體建議。
England認為壓力來源既非來自於外（例如中國），亦不是源自於內
（如港英政府），而是英國政府應成立特別的調查委員會，認真了解
香港社會的狀況與需要。這樣的建議令英國外交及英聯邦部頗為擔
心，於是有所跟進。雖然難以說明任何直接關係，但這本小冊子對
該年在香港所發生的一些改革（特別是圍繞勞工福利的），起了一定
作用。[6]

「發現」地方社會

前文提到，當時的香港社會研究以英文寫作為主，而這多少
反映出當時的社會氣氛。關於戰後初期學者的研究取向，本文初
段已略有交代。當然，在大學裏亦有少數學者已開始重視香港研
究（除一些歷史學者之外，還有Frank King、H.J. Lethbridge、饒餘
慶等），其中城市地理學方面的研究，對後來香港社會研究頗有啟

6　它亦間接促成了後來由H.A. Turner所統籌的香港勞資關係研究，見英國國家檔案
館檔案FCO 40/795、FCO 40/796、FCO 40/797、FCO 40/798及FCO 40/989。
該研究後來於1980年出版（Turner, 1980）。

發。[7]不過，論研究團隊的規模，始終未成風氣，而與社會的接觸與互動，亦相當有限。

在這樣的情況下，當時如果要尋找介入社會事務的評論與分析，最可靠的出版刊物是大專界的學生報刊。而曾澍基的《香港與中國之間》（1976年初版，1979年增訂版）主要結集了他在不同學生刊物上發表過的文章，曾經是七八十年代大專界中受到廣泛注意的一本社會科學、香港與中國社會分析、批判思潮的書籍。當年同類書籍不多，加上曾先生寫來既有冷靜批判，又有一種切入問題和希望改變社會現狀的熱誠，對渴求掌握社會分析的理論與方法的年青學生來說，它的出版為他們打開了思考之門（我的第一張閱讀書單就是按該書每一章後的註釋而自行編排出來的）。以中文來書寫的香港社會分析書籍，這是十分重要的一本。與此同時，它亦開拓一種在學院以外，結合理論與社會觀察的社會評論，在社會運動圈子及民間社會有深遠的影響。

幾年之後，中英雙方就香港前途展開談判前後，情況就不再一樣了。當時新一代本地學者海外學成歸來或在大專院校的教席穩定下來之後，開始嘗試推廣以中文編寫的社會科學書籍，例如在上世紀八十年代初期由大學出版印務出版的，就有《香港社會福利的發展與政策》（周永新著，1980）、《八十年代的香港──轉型期的社

7　當中的一些研究成果，如Dwyer（1971）、McGee（1973）、Leeming（1977）、Drakakis-Smith（1979），都是香港城市研究的重要參考書籍。

會》（鄭宇碩編，1981）等，為本地中文書寫的社會科學書籍打開
了一個局面。接下來在前途談判的衝擊下，香港研究（當時內地用
詞是香港學）忽然熱起來。廣角鏡出版社大量出版香港歷史掌故書
籍（例如魯言先生有關香港史的著作），更進一步鞏固了有關香港社
會——歷史、經濟、政治、文化——的書籍的出版。在八十年代初
期，社會上對香港社會研究需求甚殷，反而是研究成果的供應未能
追上。當時中文出版多屬文集形式，針對某個問題的專著甚少。

　　與此同時，踏入八十年代之後，有關香港研究的學術研究頗
為熱鬧。以大型研討會論文為基礎的文集 *Hong Kong: Dilemmas
of Growth* 於1980年出版（Leung, Cushman and Wang, 1980）。在
社會學方面，就更令人興奮：在往後一兩年內陸續出版的是 Janet
Salaff（1981）的 *Working Daughters of Hong Kong*、金耀基和李沛良
合編的 *Social Life and Development in Hong Kong*（1981），以及劉
兆佳的 *Society and Politics in Hong Kong*（1982）。[8] Salaff 使用深入
訪談的方法來搜集資料，分析為什麼工業化不能保證女性可以大大
提高她們的社會地位，免於傳統家庭、文化對她們的束縛；金耀基
和李沛良合編的文集以七十年代期間於觀塘所進行的社區研究為基
礎，討論香港經歷現代化過程的社會轉變（見前面的介紹）；而論
理論框架之完整，則以劉兆佳探討香港政治穩定的社會基礎最為突
出，以低度整合的社政系統及功利家庭意識等概念，不單分析了戰

8　一本有趣的經濟及城市地理學的書籍是薛鳳旋（1983）所寫的 *Made in Hong
Kong: A Study of Factories in Domestic Premises*，研究對象是當時製造業的山寨
廠，跟香港的經濟社會學研究甚有關連。

後香港人的政治參與，同時也嘗試從一個社會的角度來理解香港的
政治與社會的互動。當然，不是每一位研究員都會同意他的分析，
而他的結論也不是我在這裏最感興趣的問題。劉兆佳的著作最有意
思的地方，是他的分析以香港研究的文獻作為對話的對象，並嘗試
找出香港政治的特質，提出一些站在香港而構思出來的看法。[9]

隨着香港社會內部的變化（因此議題亦跟之前的不再完全一
樣），以及對外成為了新興工業化的成功案例，在內在外人們關注
香港的角度亦有所轉變。最重要的是，研究香港社會，不再是為了
其他原因，而是對香港感到好奇。

本來在七十年代初還是半空白的香港社會研究，到了八十年代
漸變得熱鬧起來。

9　跟劉兆佳同期的年青社會學家黃紹倫於八十年代中才陸續發表他對來自上海的移民
　　企業家、華人企業的研究成果（例如Wong, 1985），但與八十年代初出現的香港社
　　會研究相似，都是以紮根於香港社會土壤之上的方式，與社會學理論對話。

一、檔案資料

上海市檔案館材料

B126-1-893-54：上海市體育運動委員會。「接待香港足球界人士回國參觀團計劃」，1965 年 7 月 22 日。

B126-1-893-64：上海市體育運動委員會。「香港足球界人士回國參觀團情況簡報（一）」，1965 年 7 月 25 日。

B126-1-893-64：上海市體育運動委員會。「香港足球界人士回國參觀團情況簡報（三）」，1965 年 8 月 16 日。

B126-2-124：「香港流浪足球隊旅行團訪問日程」。

B126-2-124：國家體委辦公室。《體委外事簡報》，第 110 期，1972 年 8 月 26 日。

B126-2-124-10：「關於接受香港流浪足球隊來訪的意見」，1972 年 3 月 15 日。

B126-2-124-12：外交部、國家體委。「致港澳工委覆函」，1972 年 4 月 13 日。

B126-2-124-15：「流浪足球隊簡介」。

香港政府檔案

HKRS 337-4-5396 "Forsgate to Norman-Walker, 17th May 1972."

HKRS 337-4-5396 "The 'Keep Hong Kong Clean Campaign' and its Problems (Speech delivered by Dr. Denny M.H. Huang to the Kowloon Rotary Club on 4th May 1972)."

HKRS 337-4-5396 "The 'Keep Hong Kong Clean' Campaign: Its Background and Development, 11th January 1973."

HKRS 394-26-12 "Changes in Public Attitudes Towards the Hongkong

Government, 18th September 1975."

HKRS 394-26-12 "Public Attitudes Towards Living in Hong Kong, 25th September, 1975."

HKRS 488-3-37 "Review of MACs, 26th March 1976."

HKRS 488-3-37 "The Future of MACs, 25th July 1975"

HKRS 618-1-548 "From Colonial Secretary to All Civil Servants, 26th August 1972."

HKRS 684-5-71 "Report on the Working Party on Community Involvement against Crime, 7th February, 1973."

HKRS 684-5-82 "Towards a More Responsive Society (Text of a Speech by the Deputy Secretary for Home Affairs), 8th August 1973."

HKRS 684-5-83 "MacLehose to Luddington: Fight Violent Crime Campaign, 14th May 1973."

HKRS 742-15-22 Colonial Secretariat, "The Government in Hong Kong: Basic Policies and Methods." 14th April, 1969.

HKRS 742-15-22 Colonial Secretariat to D.C.C. Luddington, "Countering Subversion – Government Policies." May, 1969.

HKRS 742-13-6 Special Branch, Royal Hong Kong Police, "Expansion of Communist Influence in the New Territories." 8th December, 1970.

HKRS 1071-1-11 "Chinese Youth behind the Current Agitation: their Grievances, Motivations and Aspirations, 18th September 1971."

英國國家檔案

FCO 40/292: "Governor to the Right Honourable Michael Stewart, C.H., M.P., Secretary of the State for Foreign and Commonwealth Affairs, 23rd April 1970."

FCO 40/323: "J.R.A. Bottomley to Sir L. Monson, 17th February 1971."

FCO 40/329: "Guidelines for Governor Designate of Hong Kong, 18th October 1971."

FCO 40/329: "Laird to Monson on Guidelines for the Governor Designate, Hong Kong, 29th November 1971."

FCO 40/364: "Activities of New Left Groups Amongst Students and Youth of Hong Kong, 3rd May, 1972."

FCO 40/422: "Call on the Secretary of State by Sir Murray MacLehose, 13th September 1973."

FCO 40/439: "Murray MacLehose to the Rt. Hon. Sir Alec Douglas-Home, KT, MP, 1st January 1973."

FCO 40/439: "Who Benefits from Hong Kong? 11th October 1973."

FCO 40/440: "Murray MacLehose to A.C. Stuart, 4th January 1973."

FCO 40/511: "Hong Kong, 13th December 1974."

FCO 40/547: "Hong Kong: Annual Review for 1973, 4th January 1974."

FCO 40/547: "Annual Review for 1973: Hong Kong, prepared by A.C. Stuart, 1st February 1974."

FCO 40/547: "Annual Review for 1973: Hong Kong, 8th February 1974."

FCO 40/547: "MacLehose's Despatch Dated 30th May 1974."

FCO 40/613: "Meeting on Possible Constitutional Changes: Government House Hong Kong, 12th January 1975."

FCO 40/613: "Record of Conversation between the Foreign and Commonwealth Secretary and the Governor of Hong Kong held at the Foreign and Commonwealth Office on Friday 11th April 1975 at 11:30 a.m."

FCO 40/625: "MacLehose to Duncan Watson, 23rd October 1975."

FCO 40/628: "Duncan Watson to Murray MacLehose, 29th August 1975."

FCO 40/701: "Hong Kong – Domestic Policies up to the '80s, 6th March 1976."

FCO 40/707: "Hong Kong Annual Report 1975, 16th February 1976."

FCO 40/707: "Hong Kong Annual Report 1975, 18th February 1976."

FCO 40/713: "Despatch on the Future of Hong Kong, 13th February 1976."

FCO 40/721: "Publication on Hong Kong Affairs in UK: Fabian Society Pamphlet, "Hong Kong – Britain's Responsibility" by Joe England."

FCO 40/755: "Minutes of the Meeting between Governor and David Owen, Secretary of State for Foreign and Commonwealth Affairs on 30th November 1977 (No.85)."

FCO 40/1156: "Meeting between the Minister of State and the Governor of Hong Kong, 11th January 1980: Land Leases in the New Territories and the Future of Hong Kong."

FCO 40/1156: "Meeting between the Minister of State and the Governor of Hong Kong, 11th January 1980: Democratic Reform of Local Government in Hong Kong."

中文報章

《星島日報》。1965。〈球員赴大陸比賽事件，足總成立特別委員會專責研究該項問題〉，8月19日。

《華僑日報》。1965。〈香港「同珍」足球隊在廣州被擊敗〉，7月23日。

《華僑日報》。1965。〈華足聯今天下午選默賽中國隊〉，7月23日。

《華僑日報》。1965。〈香港球員入大陸，大馬足總甚關注〉，7月26日。

《華僑日報》。1965。〈日本業餘足協宣稱，球員擅與非會員國賽球，必須遵照國際規章處罰〉，7月27日。

《華僑日報》。1965。〈香港足球隊在北平負二比三〉，8月2日。

《華僑日報》。1965。〈足總如何懲治犯規例的球員〉，8月4日。

《華僑日報》。1965。〈何賢霍英東歡宴香港足球界大陸旅行團〉，8月11日。

《華僑日報》。1965。〈香港足球界旅行團昨向足總會長抗議〉，8月24日。

《華僑日報》。1965。〈返大陸球員被警告，註冊事准恢復辦理〉，9月4日。

《華僑日報》。1972。〈必得利昨返港，三員新將偕行〉，8月11日。

《華僑日報》。1972。〈流浪昨通知足總今天入大陸旅行〉，8月15日。

二、中文參考書目

小思。2007。〈我們的故事〉,《明報》,1月6日。

方盈。2009。《自在住》。香港:三聯書店。

丘世文。1982。〈七十年代已過,八十年代未至〉,《號外》,第65期。

丘世文。1997。〈海運大廈〉,《看眼難忘:在香港長大》。香港:青文書屋。

包錯石。1968。〈海外中國人的分裂、回歸與反獨〉,《盤古》,第10期。

史亦書(編)。2002。《獅子山下》。香港:次文化堂。

必得利。年份不詳。《香港足球歷史記念冊》。香港:不詳。

本田善彥。2019。《保釣運動全紀錄》。台北:聯經。

石琪。1984。〈情慾的歷程——關於香港色情片的一些脈胳〉,李焯桃(編),
《七十年代香港電影研究》。香港:市政局。

石琪。1999。《石琪影話集:八大名家風貌(下)》。香港:次文化堂。

朱芷芳。1997。〈五點半公餘場〉,魏紹恩、羅啓銳等著,《我們是這樣長大
的》。香港:明窗。

何中中。1966。〈略談「阿飛」問題〉,《社聯季刊》,第18期。香港:香港
社會服務聯會。

何慶基。1997。〈茫茫歸家路〉,黃淑嫻(編),《香港文化多面睇》。香港:
香港藝術中心。

余惠萍。2005。〈一九七三年文憑教師爭薪酬事件〉。未發表之教育博士論
文,香港中文大學。

余繩武、劉蜀永(主編)。1995。《20世紀的香港》。香港:麒麟書業有限公司。

冷夏。2010。《世紀回眸:霍英東回憶錄》。香港:名流出版社。

吳昊。1985。〈二十年香港粵語喜劇電影的初步內容分析〉,李焯桃(編),《香
港喜劇電影的傳統》。香港:市政局。

吳昊。2003a。《挑戰歲月:飛越七十年代》。香港:博益出版集團。

吳昊。2003b。《香港電視史話》。香港:次文化堂。

吳俊雄、馬傑偉、呂大樂。2006。〈港式文化研究〉,吳俊雄、馬傑偉、呂大
樂(合編),《香港‧文化‧研究》。香港:香港大學出版社。

吳俊雄、張志偉（編）。2002。《閱讀香港普及文化 1970 － 2000》。香港：
　　牛津大學出版社。

吳淑君。1997。〈尖沙嘴貧脊時〉，張月鳳（編），《環頭環尾私檔案》。香港：
　　進一步。

吳萱人。1997。〈那隻催生的手也是那隻扼殺的手——《青年世界》如何與香
　　港政府鬧翻？〉，《明報》，5 月 19 － 20 日。

吳萱人（編）。1997。《香港七十年代青年刊物：回顧專集》。香港：策劃組合。

呂大樂（編）。1983。《普及文化在香港》。香港：曙光圖書。

呂大樂。1989。〈壓力團體政治與政治參與〉，鄭宇碩（編），《過渡期的香
　　港》。香港：三聯書店。

呂大樂。1994。〈迷失於急劇轉變政治環境中的香港民眾運動〉，《香港社會
　　科學學報》，第 4 期。

呂大樂。1997。《唔該，埋單！》。香港：閒人行。

呂大樂。2000。《山上之城》。香港：香港大學出版社。

呂大樂。2007。《唔該，埋單：一個社會學家的香港筆記》（增訂本）。香港：
　　牛津大學出版社。

呂大樂。2007。〈《號外》：一個香港文化的故事〉，呂大樂（編），《號外三十：
　　城市》。香港：三聯書店。

呂大樂。2010a。〈那又長又彎曲的路：龍剛電影的問題意識〉，盛安琪、劉
　　嶔（合編），《龍剛》。香港：政府物流服務署。

呂大樂。2010b。《凝聚力量：香港非政府機構發展軌跡》。香港：三聯書店。

呂大樂、王志錚。2003。《香港中產階級處境觀察》。香港：三聯書店。

呂大樂、姚偉雄。2003。〈暗箭難防〉，黃愛玲（編），《邵氏電影初探》。香
　　港：香港電影資料館。

呂大樂、黃偉邦（編）。1998。《階級分析與香港》。香港：青文書屋。

呂大樂、龔啟聖。1985。《城市縱橫：香港居民運動及城市政治研究》。香港：
　　廣角鏡出版社。

李志苗。2002。〈游戈在旅遊業與歷史古跡之間——殖民統治下的香港人身份
　　認同〉。香港中文大學社會學系哲學碩士論文。

杜贊奇。2009。〈1941 － 1966 年香港與東亞新帝國主義〉，孫立新、呂一旭

（編），《殖民主義與中國近代社會》。北京：人民出版社。

沈永興（編）。1994。《從砵甸乍到彭定康——歷屆港督傳略》。香港：新天
　　出版社。

冼偉強。1997。〈揸腰闊腳人字拖〉，魏紹恩、羅啓鋭等著，《我們是這樣長
　　大的》。香港：明窗。

卓伯棠。2003。《香港新浪潮電影》。香港：天地圖書。

周永新。1980。《香港社會福利的發展與政策》。香港：大學出版印務。

周淑健。2006。〈清潔香港與公民身份的形成〉。香港中文大學社會學系哲學
　　碩士論文。

林尚義、盧德權。1990。《香港足球史》。香港：集英叢書。

林愷欣。2011。《學生運動與社會改革：1963 至 1973 年間香港大專學生社
　　會服務隊研究》。未發表之碩士論文，香港大學。

邵玉銘。2013。《保釣風雲錄》。台北：聯經。

香港足球總會。2004。《香港足球總會紀念特刊》。香港：香港足球總會。

香港政府。1965。《香港社會福利工作之目標與政策》。香港：政府印務。

香港政府。1976。《1976 年 10 月 6 日立法局會議席上總督麥理浩爵士施政報
　　告》。香港：政府印務。

香港專上學生聯會（編著）。1983。《香港學生運動回顧》。香港：廣角鏡出
　　版社。

香港報業公會金禧紀念特刊編輯委員會。2004。《香港報業 50 載印記》。香
　　港：明報報業有限公司。

孫麗鶯、劉蜀永。2004。〈戰後商業的發展〉，劉蜀永（編），《20 世紀的香
　　港經濟》。香港：三聯書店。

區志賢。1993。《五十年代香港足球》。香港：勤＋緣出版社。

張秉權。2011。〈尋找大學生——回頭看六十年代至八十年代的學聯戲劇
　　節〉，梁偉詩（編），《火紅與劇藝：學聯戲劇節初探》。香港：國際演藝
　　評論家協會（香港分會）有限公司。

張敏儀。2003。〈獅子山下、羅文、財政預算〉，《信報財經新聞》，2003 年
　　3 月 5 日

張連興。2007。《香港二十八總督》。北京：朝華出版社。

梁振英。2009。〈從港英「刮龍」政府到特區的「官商勾結」〉,《明報》,10月16日。

梁祖彬。1981。〈社區參與——由街坊會互委會到區議會〉,鄭宇碩(編),《八十年代的香港——轉型期的社會》。香港:大學出版印務。

章嘉雯。1983。〈謝天謝地,麥理浩延長任期〉,呂大樂(編),《普及文化在香港》。香港:曙光圖書。

莫逸風、黃海榮。2008。《香港足球誌》。香港:上書局。

陳冠中。1986。〈Affluent, but Not Rich〉。《太陽膏的夢》。香港:博益。

陳冠中。2007。《事後:本土文化誌》。香港:牛津大學出版社。

陸鴻基。2016a。《坐看雲起時,卷一:戰後的香港與教協崛興的背景》。香港:香港城市大學出版社。

陸鴻基。2016b。《坐看雲起時,卷二:爭取教師權益與教育改進》。香港:香港城市大學出版社。

陸離。1997。〈特寫海運大廈〉,黃繼持、盧瑋鑾、鄭樹森(編),《香港散文選:1948－1969》。香港:香港中文大學人文學科研究所香港文化研究計劃。

曾澍基。1976。《香港與中國之間》。香港:一山圖書公司。

湯泳詩。2007。《「社會良心」抑「搞事份子」:香港基督教工業委員會歷史之研究》。香港:基督教中國宗教文化研究社。

馮可立。1995。〈香港社區發展的政策分析〉,莫泰基等(編),《香港社區工作:反思與前瞻》。香港:中華書局。

黃愛玲、李培德(合編)。2009。《冷戰與香港電影》。香港:政府物流服務署。

黃霑。1995。〈流行曲與香港文化〉,冼玉儀(編),《香港文化與社會》,頁160-8。香港:香港大學亞洲研究中心。

號外編輯部。1978。〈保衛香港海事處大樓〉,《號外》,第23期。

詹興義。〔1978〕2006。〈香港政府可以是我們的〉,呂大樂(編),《號外三十:城市》。香港:三聯書店。

雷競旋。1987。〈剖析香港的「共識政治」與民眾參與〉,《香港政治與政制初探》。香港:商務印書館。

雷競璇。2015。〈香港的第一次保釣運動〉,關永圻、黃子程(合編),《我們

走過的路：「戰後香港的政治運動」講座系列》。香港：天地圖書。

綠騎士。1998。〈禮物〉，也斯（編），《香港短篇小說選：六十年代》。香港：
　　天地圖書。

遠東事務評論社（編）。1982。《學運春秋》。香港：遠東事務評論社。

潘文瀚等。2012。《團結不折彎：香港獨立工運尋索 40 年》。香港：進一步
　　多媒體。

蔡榮芳。2001。《香港人之香港史》。香港：牛津大學出版社。

蔡寶瓊。1990。〈從「奴化教育」與「文化沙漠」到本土文化的抬頭〉，《香
　　港中文大學教育學報》，第 18 卷，第 2 期。

蔡寶瓊統籌。1998。《晚晚六點半：七十年代上夜校的女工》。香港：進一步。

鄧超。1940。《大香港》。香港：香港旅行社。

鄭宇碩（編）。1981。《八十年代的香港——轉型期的社會》。香港：大學出
　　版印務。

鄭夏英、吳俊賢、王宏義。2006。〈香港南華足球會對台灣足球發展之影響：
　　以 1949 － 1970 為中心〉，《人文與社會》，第 1 卷，第 9 期。

盧瑋鑾、熊志琴。2010。《雙程路：古兆申訪談錄——中西文化的體驗與思考
　　1963 － 2003》。香港：牛津大學出版社。

蕭鄒婉儀。1994。〈香港社區中心服務的發展〉，香港社會工作人員協
　　會（編），《社區工作——社區照顧實踐》。香港：香港社會工作人員
　　協會。

蕭鳳霞。2002。〈香港再造：文化認同與政治差異〉，載吳俊雄、張志偉編，
　　《閱讀香港普及文化 1970 － 2000》。香港：牛津大學出版社。

鍾逸傑。2004。《石點頭：鍾逸傑回憶錄》。香港：香港大學出版社。

魏振蘭。2007。〈省港盃足球賽制三十年回顧〉，霍震霆、楊迺軍（編），《省
　　港盃足球賽三十週年紀念特刊》。香港：香港足球總會。

羅卡。1984。〈十年磨劍許冠文〉，李焯桃（編），《七十年代香港電影研究》。
　　香港：市政局。

羅卡。1996。〈序言〉，香港市政局編，《躁動的一代：六十年代粵片新星》。
　　香港：市政局。

羅永生。2007。《殖民無間道》。香港：牛津大學出版社。

羅永生。2014。〈六、七十年代香港的回歸論述〉,《殖民家國外》。香港:牛津大學出版社。

羅永生。2015。〈冷戰中的解殖:香港「爭取中文成為法定語文運動」評析〉,《思想香港》,第 6 期。

羅永生。2017。〈「火紅年代」與香港左翼激進主義思潮〉,《二十一世紀雙月刊》,第 161 期。

羅鄭適時。1991。《香港的公共預算決策》。香港:廣角鏡出版社。

關永圻。2015。〈中文運動 1964 − 1974〉,關永圻、黃子程(合編),《我們走過的路:「戰後香港的政治運動」講座系列》。香港:天地圖書。

關淮遠。1997。〈小弟小記〉,魏紹恩、羅啓銳等著,《我們是這樣長大的》。香港:明窗。

三、英文參考書目

AlSayyad, Nezar. 2001. "Global norms and urban forms in the age of tourism: manufacturing heritage, consuming tradition," Nezar AlSayyad (ed.) *Consuming Tradition, Manufacturing Heritage*. London: Routledge.

Baker, Hugh. 1983. "Life in the cities: the emergence of Hong Kong man," *The China Quarterly,* No. 93.

Baker, Hugh. 2007. "The 'backroom boys' of Hong Kong anthropology: fieldworkers and their friends." *Asian Anthropology*, Vol. 6.

"BDOHP interview: (Peter Laurence O'Keeffe)." http://www.chu.ca,.ac.uk/archives/collections/BDOHP/OKeeffe.pdf.

Bickers, Robert, and Jeffrey Wasserstrom. 1995. "Shanghai's 'dogs and Chinese not admitted' sign: legend, history and contemporary symbol," *The China Quarterly*, No.142.

Cameron, Nigel. 1979. *The Hongkong Land Company Ltd: A Brief History*. Hong Kong: s.n.

Campbell, Duncan. 1980. "A secret plan for dictatorship," *New Statesman*, 12 December.

Carroll, John M. 2005. *Edge of Empires: Chinese Elites and British Colonials in Hong Kong*. Cambridge: Harvard University Press.

Carroll, John M. 2007. *A Concise History of Hong Kong*. Hong Kong: Hong Kong University Press.

Census and Statistics Department. 1969. *Hong Kong Statistics, 1947-1967*. Hong Kong: Government Printer.

Cheung, Anthony B.L., and Louie, K.S. 1991. "Social conflicts in Hong Kong, 1975-1986: Trends and implications." Occasional Paper No.3, Hong Kong Institute of Asia-Pacific Studies, The Chinese University of Hong Kong.

Chiu, Stephen W.K., and Tai-lok Lui. (eds) 1997. *Dynamics of Social Movement in Hong Kong*. Hong Kong: Hong Kong University Press.

Cody, Jeffrey W. 2002. "Heritage as hologram: Hong Kong after a change in sovereignty, 1997-2001," William S. Logan (ed.) *The Disappearing 'Asian' City*. New York: Oxford University Press.

Crawford, Margaret. 1992. "The world in a shopping mall," Michael Sorkin (ed.) *Variations on A Theme Park*. New York: Hill and Wang.

Department of Extramural Studies. 1968. *Tourist Guide to Hong Kong*. Hong Kong: Department of Extramural Studies.

Drakakis-Smith, David. 1979. *High Society: Housing Provision in Metropolitan Hong Kong 1954 to 1979*. Hong Kong: Centre of Asian Studies, University of Hong Kong.

Endacott, G.B. 1973. *A History of Hong Kong* 2nd Ed. Hong Kong: Oxford University Press,

Endacott, G.B. 1964. *Government and People in Hong Kong 1841-1962*. Hong Kong: Hong Kong University Press.

England, Joe. 1976. *Hong Kong: Britain's Responsibility*. London: Fabian Society.

England Joe, and John Rear. 1975. *Chinese Labour under British Rule*. Hong Kong: Oxford University Press.

Faure, David. 1997. "Reflections on being Chinese in Hong Kong," Judith M. Brown and Rosemary Foot (eds.) *Hong Kong's Transitions, 1842-1997*. Houndmills: MacMillan.

Faure, David. 2003. *Colonialism and the Hong Kong Mentality*. Hong Kong: Centre of Asian Studies.

Friedmann, John. 1995. "Where we stand: a decade of world city researc,." Paul Knox and Peter Taylor (eds) *World Cities in a World System*. Cambridge: Cambridge University Press.

Fung, H.L. 1978. "Two Models of Public Participation." Unpublished M.S.W. Thesis, University of Hong Kong.

Gershman, Suzy. 1997. "Shop! In the name of love," James O'Reilly, Larry Habegger, and Sean O'Reilly (eds) *Hong Kong: True Stories of Life on the Road*. San Francisco: Travellers' Tale, Inc.

Gleason, Gene. 1964. *Hong Kong*. London: Robert Hale Ltd.

Gleason, Gene. 1967. *Tales of Hong Kong*. London: Robert Hale Ltd.

Grantham, Alexander. 2012. *Via Ports: From Hong Kong to Hong Kong*. Hong Kong: Hong Kong University Press.

Henderson, J. 2001. "Heritage, identity and tourism in Hong Kong," *International Journal of Heritage Studies*, Vol.7, No.3.

Henderson, J. 2002. "Built heritage and colonial cities." *Annals of Tourism Research* 29(1).

Ho, Elaine Y. L. 1995。〈Women in Exile: A Study of Hong Kong Fiction〉，冼玉儀編，《香港文化與社會》。香港：香港大學亞洲研究中心。

Ho, Eric. 2004. *Times of Change: A Memoir of Hong Kong's Governance 1950-1991*. Hong Kong: Hong Kong University Press.

Hoadley, J. Stephen. 1970. "Hong Kong is the lifeboat: notes on political culture and socialization," *Journal of Oriental Studies*, Vol.8.

Hoffman, Walter K. 1965. *Hong Kong: Official Guidebook of the Hong Kong Hotels Association*. Hong Kong: A-O-A.

Hong Kong Institute of Social Research. 1965. *Journal of the Hong Kong Institute of Social Research*. Hong Kong: The Institute of Social Research.

Hong Kong Research Project. 1974. *Hong Kong: A Case to Answer*. Nottingham: Spokesman Books.

Hong, Lawrence K. 1970. "The Chinese Family in a Modern Industrial Setting: Its Structure and Functions," Unpublished Ph.D. thesis, Department of

Sociology and Anthropology, University of Notre Dame.

Hopkins, Keith. Ed. *Hong Kong: The Industrial Colony*. Hong Kong: Oxford University Press.

Jarvie, I.C. 1969. "Introduction," Ian C. Jarvie and Joseph Agassi (eds) *Hong Kong: A Society in Transition*. New York: Frederick A. Preager, Publishers.

Jephcott, Pearl. 1971. "The Situation of Children and Youth in Hong Kong: A Study Undertaken for UNICEF in Conjunction with the Social Welfare Department, Hong Kong, Oct. 1970 – Feb. 1971." Mimeo.

Jones, Catherine. 1990. *Promoting Prosperity: The Hong Kong Way of Social Policy*. Hong Kong: The Chinese University Press.

King, Ambrose Y.C. 1981. "The political culture of Kwun Tong: a Chinese community in Hong Kong," Ambrose Y.C. King and Rance Lee (eds.) *Social Life and Development in Hong Kong*. Hong Kong: The Chinese University Press.

Kowinski, William Severini. 1985. *The Malling of America*. New York: William Morrow.

Ku, Agnes S., and Ngai Pun. 2004. "Introduction," Agnes S. Ku and Ngai Pun (eds) Remaking Citizenship in Hong Kong. London: RoutledgeCurzon.

Lam, Siu Ling. 1993. "The Role of Government in Community Building." Unpublished MPA Thesis, University of Hong Kong.

Lau, Chui Shan. 2011. "Portrayals of pro-Beijing workers' night schools in Hong Kong from 1946 to post-1997," *Educational Research for Policy and Practice*, Vol.10.

Lau, Siu-kai. 1982. *Society and Politics in Hong Kong*. Hong Kong: The Chinese University Press.

Lee, M. K. 1982. "Emerging pattern of social conflict in Hong Kong society," Joseph Y.S. Cheng (ed.) *Hong Kong in the 1980s*. Hong Kong: Summerson Educational Research Centre, Summerson Eastern.

Lee, Ming Kwan. 1998. "Hong Kong identity – past and present," Siu-Lun Wong and Toyojiro Maruya (eds.) *Hong Kong Economy and Society: Challenges in the New Era*. Tokyo: Institute of Developing Economies.

Leeming, Frank. 1977. *Street Studies in Hong Kong*. Hong Kong: Oxford University Press.

Leung Benjamin and Stephen Chiu. 1991. "A social history of industrial strikes and the labour movement in Hong Kong, 1946-1989," Occasional Paper No.3, Social Sciences Research Centre, University of Hong Kong.

Leung, Benjamin K. P. 2000. "The student movement in Hong Kong: transition to a democratizing society," Stephen Wing-kai Chiu and Tai-lok Lui (eds) *The Dynamics of Social Movement in Hong Kong*. Hong Kong: Hong Kong University Press.

Leung, Chi-keung, J.W. Cushman, and Gungwu Wang. (eds). *Hong Kong: Dilemmas of growth. Hong Kong*: Centre of Asian Studies, University of Hong Kong.

Leung, Sai-wing. 1986. "Perception of political authority by Hong Kong Chinese," Occasional Paper No.17, Centre for Hong Kong Studies, the Chinese University of Hong Kong.

Li, Yiping. 2003. "Heritage tourism: the contradictions between conservation and change," *Tourism and Hospitality Research*, Vol.4, No.3.

Lim, Tim. 1999. "The buck shops here," *Postmagazine, South China Morning Post*. 30 May.

Lockhart, Saul. 2002. *150 Not Out*. Hong Kong: Hong Kong Cricket Club.

Lu, Tracey. 2003. "The management of cultural heritage in Hong Kong," Occasional Paper No.137, HK Institute of Asia-Pacific Studies.

Lui, Tai-lok. 1994. *Waged Work at Home: The Social Organization of Outwork in Hong Kong*. Aldershot: Avebury.

Lui, Tai-lok. 2007. "Between metropole and colony: reflecting on Hong Kong coloniality," Keynote speech at the Annual Meeting of Hong Kong Sociological Association, December.

Lui Tai-lok and Stephen W.K. Chiu. 1999. "Social movements and public discourse on politics," Tak-Wing Ngo (ed.) *Hong Kong's History: State and Society under Colonial Rule*. London: Routledge.

Ma, Eric Kit-wai. *Culture, Politics, and Television in Hong Kong* (London: Routledge, 1999).

Mark, Chi-Kwan. 2004. *Hong Kong and the Cold War: Anglo-American Relations 1949-1957*. Oxford: Clarendon Press.

Mathews, Gordon and Tai-lok Lui. (eds). 2001. *Consuming Hong Kong*. Hong

Kong: Hong Kong University Press.

Mathews, Gordon, Eric Ma, and Tai-lok Lui. 2008. *Hong Kong: Learning to Belong to a Nation*. London: Routledge.

McGee, T.G. 1973. *Hawkers in Hong Kong*. Hong Kong: Centre of Asian Studies, University of Hong Kong.

Miners, N.J. 1986. *The Government and Politics of Hong Kong* 4th Ed. Hong Kong: Oxford University Press.

Mo, Timothy. 1994. "One of Billy's boys," *Weekend*, 5 February.

Mok, Florence. 2019. "Public opinion polls and covert colonialism in British Hong Kong." *China Information* 33(1).

Moss, Peter. 2006. *No Babylon: A Hong Kong Scrapbook*. New York: iUniverse, Inc.

Mullins, Patrick. 1999. "International tourism and cities of Southeast Asia," Dennis R. Judd and Susan Fainstein (eds) *The Tourist City*. New Haven: Yale University Press.

Ng, Agnes, et al. 1975. *Social Causes of Violent Crimes Among Young Offenders in Hong Kong*. Hong Kong: Social Research Centre, The Chinese University of Hong Kong.

Okuley, Bert. n.d. *Hong Kong Worldwide*. Hong Kong: Vesta-Barclay.

Potter, Jack. 1968. *Capitalism and the Chinese Peasant*. Berkeley: University of California Press.

Rosen, Sherry. 1976. *Mei Foo Sun Chuen: Middle-Class Chinese Families in Transition*. Taipei: The Orient Cultural Service.

Salaff, Janet W. 1981. *Working Daughters of Hong Kong*. Cambridge: Cambridge University Press.

Scott, Ian. 1989. *Political Change and The Crisis of Legitimacy in Hong Kong*. Hong Kong: Oxford University Press.

Sit, Victor F.S. 1983. *Made in Hong Kong: A Study of Factories in Domestic Premises*. Hong Kong: Summerson Eastern Publishers Ltd.

Smart, Alan, and Tai-lok Lui. 2009. "Learning from civil unrest," Robert Bickers and Ray Yep (eds) *May Days in Hong Kong*. Hong Kong: Hong Kong University Press.

So, M.Y. 1975. "The Assessment of Potential and Limitation for Community Development of District Level Associations." Unpublished M.S.W. Thesis, University of Hong Kong.

South China Morning Post. 1982. *The MacLehose Years*. Hong Kong: Hong Kong: South China Morning Post.

Steinmetz, George. 2008. "The colonial state as a social field: ethnographic capital and native policy in the German overseas empire before 1914." *American Sociological Review* Vol. 38.

Teather, Elizabeth Kenworthy, and Chun Shing Chow. 2003. "Identity and place: the testament of designated heritage in Hong Kong." *International Journal of Heritage Studies,* Vol.9, No.2.

Tsang, Steve. 2004. *A Modern History of Hong Kong*. Hong Kong: Hong Kong University Press.

Turner, H.A. 1980. *The Last Colony: But Whose*. Cambridge: Cambridge University Press.

Walker, J. n.d. *Under the Whitewash*. Hong Kong: no information on publisher.

Webb, Derek S. 1961. *Hong Kong*. Singapore: Eastern Universities Press Ltd.

Weiss, K. 1953. *Hong Kong Guide*. Hong Kong: Graphic Press Ltd.

Wong, Joseph W.C., and Joseph W. Yu. 1978. *Television News and Television Industry in Hong Kong.* Hong Kong: Centre for Communication Studies, Chinese University of Hong Kong.

Wong, Siu-lun. 1985. "The Chinese family firm: a model." *British Journal of Sociology*, Vol. 36.

Wong, Siu-lun. 1986. "Modernization and Chinese culture." *The China Quarterly*, No.106.

Wordie, Jason. 2002. *Streets: Exploring Hong Kong Island*. Hong Kong: HKU Press.

Yang, C. K. 1981. "Introduction," Ambrose Y. C. King and Rance P. L. Lee (eds) *Social Life and Development in Hong Kong*. Hong Kong: The Chinese University Press.

Yep, Ray, and Tai-lok Lui. 2010. "Revisiting the golden era of MacLehose and the dynamics of social reforms." *China Information* 24(3).

七十年代香港大事記 *

1970

1月 香港樓宇租金暴漲，港府通過臨時法案凍結租金。

1月 僱傭修訂法例公佈，規定每月四天假期。

2月11日 修訂煽亂法例，公眾場所禁貼煽亂圖文。

2月23日 遠東證券交易所開業。

2月 《七十年代》月刊創刊，是一本綜合性雜誌，主編李怡。

2月 港府對是否應該廢除笞刑，廣泛徵詢民意。

3月 不滿政府拖延政制改革，十位市政局民選議員在市政局會議上全體退席，為香港議會及市政局有史以來的第一次。

3月11日 立法局通過交通定額罰款條例。

3月13日 《遺囑條例》頒佈施行。

3月 香港學生團體組成中文運動聯席會。

4月9日 港府同意設立香港理工學院。

4月23日 中文大學三所書院聯合罷課，抗議政府削減對中文大學的撥款。

4月 為加快沙田建設，填海工程開始。

5月27日 浸會書院六百多名學生為抗議校方增加學費，在校園靜坐。

5月29日 英女皇批准港督戴麟趾延長任期到1971年10月。

5月 港府批准教師及警察男女同工同酬。

6月1日 香港置地公司以2.58億元創香港及世界紀錄高價奪得港島中區一塊新填地，擬建香港最高樓宇。

6月2日 美商競投中區地王失敗，向

---

* 本大事記內容主要取材自陳昕、郭志坤編：《香港全紀錄》卷二。香港：中華書局，1998。

港督投訴拍賣官不公。

6月10日 民政司委出第一位女民政主任,關佩英出任灣仔民政主任。

7月10日 《修訂婚姻制度條例》頒佈實施。

7月19日 「爭取中文成為法定語文運動聯會」成立。

7月22日 港府輔政司宣佈男女護士同酬分七階段實施。

7月 港府委派陳方安生出任助理財政司。

8月21日 為適應香港工業發展需求,港府宣佈在青衣加建新發電廠,需耗資五億元。

9月11日 董浩雲出價320萬美元購得前英國巨型客輪伊利沙伯皇后號,並計劃將該客輪改建為海上大學。

9月 港府宣佈成立專門委員會,研究公函應用中文問題。

10月6日 立法局通過法例,會議可以中英文並用。

10月15日 港府宣佈,麥理浩繼戴麟趾出任港督。

10月19日 香港大學生評議會通過決定,成立中文運動工作委員會。

10月21日 港府成立「公事上使用中文問題研究委員會」。

11月2日 市政局委任議員陳善芬提出賭博合法化建議。

12月2日 李淑芬成為香港證券交易所第一個女會員。

12月4日 羅馬天主教教宗保祿六世訪問香港。

12月 工業界人士認為香港勞動力短缺,外商投資建廠興趣減退。

本年

嘉禾影業公司正式成立。

惠康超級市場開業。

香港電台電視部成立。

香港最早商人銀行怡和‧富列明公

司成立。

浸會書院註冊成為首間被承認的專上學院。

香港政治團體革新會向政府提出立法局應有民選議員的要求。

1971

1月1日 港府開徵港澳輪船泊碼頭費和人頭稅。

1月13日 美國大通銀行在港設立東南亞總部。

2月5日 公事上使用中文問題研究委員會完成首份報告書，向港督提出在立法與市政兩局等機構內使用中文的建議。

2月14日 「保衛釣魚台行動委員會」成立。

2月18日 香港學生抗議日本侵佔中國領土釣魚台，向日本駐港領事館遞交抗議書。

2月26日 三所教育學院約千名學生在校內靜坐，抗議當局公佈的新編定教師等級及新薪級制度內容含糊不清。

3月4日 葉錫恩、張有興、黃夢花、冼祖昭、楊勵賢當選為市政局民選議員。

3月上旬 專上學生聯會發表聲明，力爭釣魚台主權。

3月14日 近百名青年學生手持標語，在皇后碼頭附近靜坐抗議，爭取中文成為法定語文。

3月14日 金銀證券交易所正式開業。

3月16日 香港賽馬會決定賽馬職業化。

3月23日 柏立基、葛量洪、羅富國三間教育學院學生會舉行全體會員大會，一致通過25日總罷課，抗議教育當局新草擬之教師薪級制。

4月10日 香港學生舉行示威活動，高唱《釣魚台戰歌》。

5月4日 保衛釣魚台行動委員會舉行示威活動和抵制日貨大會。

5月18日 兩輛英國軍車載八名英兵誤闖粵界被扣，港府致歉，中國內地有關方面當晚放人。

5月中旬 行政局會議通過公事上使用中文研究委員會的首份報告書，港府年報首次出中文版。

5月25日 三所教育學院學生代表向港府呈交請願書，主張薪金起點及最高薪額不作削減，中小學教師同薪。

5月 《防止賄賂條例》頒佈施行。

6月3日 港督戴麟趾飛英，與下任港督麥理浩會商駐軍等問題。現任與下任港督互相研討尚屬首次。

6月8日 三所教育學院八百餘名學生為教師加薪舉行罷課。

6月28日 教育司宣佈準教師薪俸起點將較本年2月所宣佈的新薪級制起點為高，但須在此起點服務三年到四年。

7月7日 香港專上學生聯會在維多利亞公園舉行「保釣」示威，警方出動防暴隊毆打並拘捕學生，造成流血事件。

7月15日 世界著名郵船伊利沙伯皇后號抵港，準備改裝為海上大學。

7月30日 教育司署宣佈由本年9月1日起，實施免費小學教育。

8月7日 市政局同意港島四個地點及九龍一幅官地可用作和平示威，但示威者須提前七日向警方申請獲准方可。

8月12日 警方破例批准香港保釣聯合陣線於13日在維多利亞公園舉行示威。學聯發表聲明支持示威。

8月16日 受美國總統尼克遜宣佈暫停黃金與美元兌換的影響，香港銀行暫停外匯交易，金價漲八元多，以328.75元收市。

8月29日 工人代表向行政、立法兩局請願，要求規定香港節最後一天為工人有薪假期。

9月3日 政府憲報公佈《1971年教育（修訂）條例》，港督授權教育司執行入學命令，家長今後不得無故不送子女入學，否則將被罰款或監禁。

9月10日 新界各鄉事委員會設立婚姻註冊處，10月7日後結婚須按婚姻條例，舊式婚禮無效。

9月15日 一百二十名「保釣」運動份子向港督抗議，要求警方釋放7月7日被捕者，並公開向被毆傷者道歉，以及將警司威利革退。

9月18日 由香港保衛釣魚台行動委員會主辦的和平示威在維多利亞公園舉行，約有千人參加。

10月13日 輔政司羅樂民在立法局提出白皮書，市政局日後將有二十四個議席，全屬非官守議員，所有官守議員將退出該局。

10月13日 立法局通過人民入境修訂法案,規定居港七年的華人不復被視為移民,有權在港居留及隨時回港。

10月19日 港督戴麟趾任滿離港。

10月26日 英國安妮公主蒞港,進行為期一週的訪問。

10月30日 香港仔珍寶海鮮舫發生大火,三十四人死,三人失踪,十多人受傷。

11月3日 立法局修改議事規程,准許議員可用英語或粵語發言,這是公事上用中文的一大進展。

11月17日 柏立基、葛量洪、羅富國三間教育學院學生會同七個有關教育團體共同發起全港校長與教師簽名運動,反對新薪級制。

11月17日 港府立例禁止經營銀會。

11月19日 麥理浩(麥理灝,Murray Maclehose)抵港就任第二十五任香港總督。

11月26日 第二屆香港節開幕,共有六百項節目。

12月1日 土瓜灣美景樓業主立案法團成立,為香港第一個成立的多層大廈業主立案法團。

12月3日 香港革新會發起「反加租反迫遷」請願百萬人簽名運動。

12月 香港大學學生會首次組成赴內地觀光團。該團包括二十多名學生,返港後舉行了報告會,引起強烈反響。

12月 港府開始改變招募政策,大量聘用土生土長的華人進入各部門擔任行政工作。

1972

1月5日 九龍證券交易所開業,此為香港第四家證券交易所。

1月9日 海上學府巨輪在青衣島附近海面發生大火,焚燒十六小時,次日傾斜沉沒。

1月20日 中文委員會第二份報告書獲採納,民政司負責推行中英雙語並用的政策。

2月10日 大東電報局所屬香港與北京之間的電話線啟用,港府政治顧問麥鐸時與英國駐中國代辦艾迪時撥通第一個電話。

3月8日 香港大學校務委員會宣佈正式聘請黃麗松任香港大學副校長,黃氏為該校應聘該職的第一位華人。

3月10日 中國常駐聯合國代表黃華聲明港澳是中國領土,並非殖民地,17日聯合國宣佈把港澳從殖民地名單中刪除。

3月23日 人民入境事務處宣佈4月1日為1971年人民入境條例開始實施日期,留港連續滿七年者,即有權申請定居。

3月24日 香港理工學院正式成立,鍾士元、胡文瀚分任校董會正副主席。

4月18日 港府宣佈年內招標開設兩家無線電視台,其一可單純播映中文節目,但需本地人士佔多數股權。

4月18日 警方政治部探員在九龍天光道《中國學生周報》檢獲幾十張反英政治標語,拘捕十一名青年。

4月20日 第一部香港政府《憲報》中文本出版,首刊勞資審裁條例,中文成為法定語文又進一步。

5月13日 學聯、保釣陣線等在中區愛丁堡廣場,舉行「五一三保衛釣魚台大示威」。

6月7日 財政司夏鼎基提出興建地下鐵路計劃。

6月18日 半山區寶珊道大量山泥傾瀉,將樓高十二層的旭和大廈撞塌,一百多人被埋。

6月18日 暴雨將觀塘雞寮安置區上的山泥沖瀉,壓塌78間房屋,造成71人死亡,60人受傷。

6月23日 港府宣佈港幣隨英鎊在國際外匯市場上「自由浮動」。

6月26日 港督麥理浩在新界鄉議局

發表施政方針，稱政府對港九市區及新界鄉區無分厚薄。

7月6日 港府宣佈港幣停止隨英鎊同時浮動，而與美元訂立固定匯率，每5.65港元兌1美元。

7月18日 香港滙豐銀行宣佈由1972年起以港幣為本位派發股息，此舉打破該行107年以來一直以英鎊為本位派息的慣例。

8月2日 連接港島和九龍的海底隧道建成通車。

8月16日 全港清潔運動宣傳工作全面展開。

8月30日 立法局三讀通過《1972年裁判司（修訂）法案》，授權有關當局迅速懲罰亂拋垃圾者。

9月5日 七百多名警員在大會堂側道旁，以「阻街」及「非法集會」為理由，拘捕一百多名露宿抗議的仁義安置區居民及大專學生。

10月18日 立法局會議首次採用英、粵語即時傳譯，打破香港一百三十多年來偏重使用英語的慣例。

10月25日 港府宣佈十年建屋計劃，投資八十億元，將成為香港有史以來最龐大的公共發展計劃。

10月 基督教以馬內利會施應元教士向港督提交一份《香港貪污調查報告》，揭露公職人員貪污受賄的大量事實，種種醜行，駭人聽聞。

11月29日 香港置地公司宣佈擁有八成牛奶公司股權，收購成功。

本年

房屋委員成立，負責推行港督宣佈實施的「十年房屋計劃」。

香港成為世界第一大玩具出口中心。

著名作家金庸在他最後一部長篇武俠小説《鹿鼎記》連載完畢後宣佈封筆，不再創作武俠小説。

1973

1月3日 財政司夏鼎基宣佈設立證券業務諮詢委員會和證券監察專員。

1月11日 港督、財政司發表評論，四大證券交易所主席聯合聲明，勸諭購買股票市民回復理智水平。

1月20日 一批香港大專學生與百餘名居港外籍人士到美國領事館前示威，反對美國侵略越南。

2月5日 小學教育改制，官立小學改全日上課。

2月14日 財政司夏鼎基宣佈決定建地下鐵路。

2月19日 證券諮詢委員會向財政司建議，阻止亞洲證券交易所開業。

2月26日 首屆香港藝術節開幕，至3月24日結束。

3月4日 文憑教師及三所教育學院學生在港督府請願，要求文憑教師應有合理的薪級及升級制度。

3月13日 市政局主席稱，市政局決定實行分區制，港九分設總部，管轄若干個區域性分署。

3月28日 港府宣佈設立撲滅暴力罪行委員會，由新聞司姬達任主席，成員包括輔政司署、民政司署、警務處等機關人員。

3月29日 港府對文憑教師薪級問題作出讓步，底薪仍為月薪1,175元，頂薪改為2,050元。

4月1日 市政局改制，官守議員全部退出，只由委任議員及民選議員組成。

4月4日 官津補校文憑教師全體罷教一日，八百多所中小學停課。

4月28日 恒生指數跌至779點，交易所採取第二次「挽救行動」，新股上市推遲三個月。

5月7日 香港基督教以馬內利會會長施應元教士發表《香港獄政調查報告》。

5月30日 文憑教師表決通過有保留地接受港府新薪級制。

6月6日 立法局通過臨時管制租金法案。住宅租金暫時凍結。

6月8日 總警司葛柏涉嫌貪污出逃英國。

6月18日 撲滅罪行運動正式展開。

6月20日 港府決定暫時禁設期貨交易所。

6月24日 香港電視廣播有限公司舉行首屆香港小姐選舉，冠軍是孫詠恩。

7月1日 全國人大常委、全國政協委員、中央文史館館長章士釗在港病逝，終年92歲。

7月20日 功夫片巨星李小龍暴卒。

7月27日 《憲報》發表《1973年防賄賂（修訂）法案》。

7月 以財經新聞為主要內容的《信報》創刊，社長是林山木。

8月26日 學生市民舉行「反貪污，捉葛柏」大會。香港大專學生開始醞釀「捉葛柏」大會。

9月22日 警務處長施禮榮表示，推行全面反貪污運動。

9月28日 嗇色園重建赤松黃仙祠落成，港督麥理浩主持揭幕禮。

10月17日 港督麥理浩在立法局上宣佈，將偵察貪污事件的責任由警務處移交給一個獨立機構，設立撲滅貪污專員公署（後改稱廉政專員公署），由姬達主持。

11月10日 港府宣佈設立石油政策委員會及石油供應處，委任工商署副署長潘達為供應處處長，兼石油分發事務委員會主席。

11月14日 取消黃金雙價制度，香港金價暴瀉。

11月23日 香港節揭幕，港督主持亮儀式。

12月11日 第三十一屆工展會由港督麥理浩揭幕。這是最後一屆工展會。

12月15日 港府接受英國提出的新協定，使香港的英磅存款獲得保證，匯率不低於每英磅兌2.4213美元。

12月 麗的電視（RTV）中文台開播。

本年

港府開始推行「互助委員會計劃」。

1974

1月22日 修訂防止賄賂法案公佈。

2月13日 立法局三讀通過1974年法定語法案，使中文成為香港的法定語文，而且在法庭裏可使用中國方言發言。

2月15日 港督特派廉政專員公署正式成立。

3月 專上學生聯會舉行第十六屆周年大會，會上提出學運方向：「放眼世界，認識祖國，改革社會」。

4月1日 港府撤銷黃金進口限制，由此使香港逐漸變成國際性的黃金市場。

4月30日 葛柏在英被捕，香港廉政公署人員赴英引渡他返港受審。

4月 消費者委員會正式成立。

5月17日 1974年勞資審裁處（修訂）法案公佈，法案規定「勞資審裁處」將永久設置。

5月24日 英國保守黨領袖希思訪問北京。鄧小平副總理在歡迎希思的宴會上表示，香港問題將在適當時候解決。

5月24日 九龍寶生銀行發生獨行賊脅持人質事件，劫匪挾持十一名人質，終被人質制服。

6月7日 公佈遣散費法案，規定僱主須支付遣散費予非因本身的過失而遭解僱的工人。

6月8日 中華廠商聯合會、中華總商會、九龍總商會等十個社團，鑑於香港社會治安日趨嚴重，聯合致函港府，促請迅速採取切實有效措施，改善香港治安，保障居民生命財產安全。

7月6日 香港中華總商會召開特別大會，通過接納、修改會章草案，同時將以往稱為「本港華人商業團體」者，改稱為「本港中國同胞工商業團體」。

7月17日 由四家證券交易所組成的香港證券交易所聯會成立。施文當選主席。

7月20日 《中國學生周報》停刊。

該周報創刊於1952年7月25日，是一份以中學生、大專生及青少年為讀者對象的綜合性刊物。

7月23日 新界鄉議局暨鄉事會召開聯合大會，要求迅速提高鄉議局地位，改善土地建屋措施，反對徵差餉，加強新界建設。

8月17日 有百餘年歷史的《中國郵報》宣告停刊。

8月28日 《憲報》公佈《1974年法律援助（修訂）規例》，即時生效。新規例授權法律援助處處長代受助人士繳付一切在破產規則或公司結束規則訴訟下所規定的保證金及另加的保證金。

9月11日 港府宣佈分三個階段制水，首期制水從25日開始實施。

10月5日 香港大學法律系第一屆首名華籍畢業生,在高等法院獲合議庭批准在港執業為大律師。

10月上旬 為洗除殖民統治色彩,新界各理民府官銜今後不再稱為長官。

11月12日 警方偵破龐大國際販毒集團,販毒頭子吳錫豪(綽號「跛豪」)由台灣返港被捕。

11月25日 港府宣佈,港元與美元脫鈎,放棄固定匯率,從此港元匯率採取自由浮動。

11月26日 二十五年來中國足球隊首次在香港出賽,結果以五比二勝港聯隊。

11月30日 港府根據粵港雙方的口頭協議,將被拘獲內地偷渡者,隨捕隨遣返內地。但對偷渡者能夠成功進入香港市區,並與香港親友會合者,卻仍然予以收容,並發給其香港身份證。這是所謂「抵壘政策」。

12月11日 工商署宣佈撤銷零售米價管制。

1975

1月11日 財政司夏鼎基宣佈立法管制財務公司。

1月22日 美國麥當勞公司與香港商人合資的第一家麥當勞漢堡包店在銅鑼灣正式開張。

1月22日 人事登記處處長宣佈,不領身份證,罰款一千元。

2月25日 歷時近兩年的前總警司葛柏貪污案作出判決,葛柏被控兩項罪名成立,判其入獄四年。

2月26日 財政司夏鼎基在立法局會議上宣佈了一個香港戰後以來最龐大的加稅加費預算案。赤字達九億元。同時宣佈實行四大類二十六項加稅措施。

3月14日 試驗性的小販認可計劃,在九龍油麻地、旺角、深水埗及黃大仙等二十一處地區實行。

5月4日 英女皇伊利沙伯二世夫婦到港,這是在位英國君主首次來訪。

5月4日 在南中國海沉船獲救的4,600名越南難民由丹麥貨船安全載抵香港,被安置在新界軍營內暫時居留。

5月7日 立法局三讀通過興建地下鐵路。

6月中旬 歐洲共同體市場委員會首次宣佈給予香港紡織品特惠待遇,非敏感性項目可免稅或享低稅。棉氈、棉紗、織錦絲帶領帶等受惠。

6月27日 港府制定法例管制色情暴力刊物。

7月 港府設立建造業訓練局。

8月18日 行政局會議原則上決定批准非英聯邦畢業醫生在港執業,但條件是他們必須證明有此能力。

9月7日 佳藝電視廣播有限公司成立

啟播,董事為羅文惠、馮秉芬、何佐芝等。

9月24日 香港總商會發表聲明,抨擊司法部門對暴力犯罪及持械行劫案判刑過輕,未能配合警方抗暴工作,並呼籲「治亂世,用重刑」,立即恢復執行死刑。

9月26日 《憲報》刊登1975年版權(修訂)法案,賦予法庭有權對藏有享有版權的翻版本,或企圖製造該翻版本以供商業用途的違法者,加重懲罰。

9月 香港觀察社成立。

10月15日 建造費近五億元的世界最大海水化淡廠啟用,港督主持開幕儀式。

10月15日 港府決定興建大埔工業邨,1978年建成。

11月24日 香港紅磡新火車總站正式啟用。

12月17日 張有興議員在立法局會議上促請港府制定人口政策。

12月19日 港府與英國政府就駐港英軍軍費問題，達成一項「長期」及「整套」的防務經費新協議。從1976年4月1日起新協議的第一年，香港須每年承擔4.5億元軍費的半數，並將在第三年遞增至75%。

1976

1月14日 新華社香港分社在中國銀行大廈舉行弔唁儀式，悼念中國總理周恩來。

1月16日 恒基兆業地產有限公司成立，創辦人為李兆基。

2月4日 統計處宣佈，截至1975年底，香港人口為4,379,900人。

4月1日 防止收受回佣條例引起商界議論。7日，布政司發表聲明，表示該條例正確。

4月1日 英國上議院議員布羅克韋指責香港的貪污現狀已達到令人無法忍受的程度。

4月28日 布政司羅弼時宣稱全港木屋居民達三十五萬，每年僅能安置二萬人。

5月21日 工商署證實，英國對香港雨衣開徵「反傾銷稅」。這是英國首次將反傾銷稅附加稅單獨加諸於香港製品。

7月6日 港府推出「學科能力測驗」，遭教育界人士反對。

8月5日 港府宣佈正式取消夏令時制。

8月16日 新發行的五元硬幣上市流通，首批320萬枚，總值1,700萬元。

8月28日 粵語片女星林鳳突告身亡。

9月8日 警務處透露，香港共有黑社會份子八萬名，比警察人數高出三倍。

9月16日 新華社香港分社舉行弔唁儀式，悼念毛澤東主席逝世。

10月13日 等候入住公共樓宇的居民多達150萬，而1977至1980年間興建的十四個新屋邨僅能容24.6萬人。

11月11日 廉政公署凍結前九龍總探長呂樂在港的全部資產。

11月 馬會推出「六合彩」。

12月3日 香港首三個郊野公園劃定。

12月3日 當局決定將尖沙嘴發展為文化商業區。

12月上旬 354個社團致函港督，敦請修改防止賄賂不合理條文。

本年

港府推出「居者有其屋」計劃，協助中下入息家庭及公屋住戶置業安居。

《號外》雜誌創刊，以中產階層為讀者對象。

1977

1月9日 元朗南坑排四百名郊遊市民集體被劫。

1月10日 海洋公園正式開幕。

1月17日 英女皇批准港督麥理浩任期延長一年。

2月2日 立法局通過賭博條例，重罰開賭及參與者。這項法例使非法賭博「字花」從此消失。

3月1日 香港工業邨公司成立，主要負責興建和管理工業邨，謀求解決地價高漲及工業用地缺乏等問題。

3月12日 香港隊以一比○擊敗新加坡隊，奪得世界盃亞洲區第一組外圍賽冠軍。

4月16日 英國保守黨領袖戴卓爾夫人訪港。

4月21日 慶祝英女皇登基銀禧，港島舉行花車巡遊。

5月3日 九萬九千名小學生參加最後一屆小學升中試。

5月9日 香港第一家商品交易所開業，首先推出原棉期貨。

5月25日 全港最大工業樓宇發展計劃，觀塘工業中心興建。

6月1日 第一階段制水開始施行。

6月4日 維多利亞兵營交還港府，賣地可獲十一億元。

6月10日 何文田金禧中學發生靜坐罷課事件。

6月17日 越南難民連日大批來港。

6月27日 第一屆香港電影節開幕。

6月29日 七日有薪年假法案通過，
1978年元旦生效。

7月1日 英聯邦特惠稅宣佈取消，但
仍有九個英聯邦成員繼續給予香港
製品特惠稅待遇。

7月5日 二級制水實施，每日分上下
午供水十小時。

9月30日 中文判詞首次在維多利亞
地方法院使用。

10月10日 港府公佈「居者有其屋」
計劃和售樓辦法。

10月14日 香港藝術中心舉行揭幕典
禮。

10月19日 香港製衣業訓練中心開
幕。

10月28日 二千名警員由中環前往灣
仔警察總部請願，要求削減廉政公
署權力。路經中環和記大廈時，有
百多人突然衝上廉政公署辦事處，
進行搗亂，並毆傷該署人員。

11月4日 港府發表《高中及專上教
育綠皮書》，提出未來的高中及專
上教育方向。其中對中文大學影響
較大，綠皮書以節省資源，增加學
額為理由，建議中文大學改為三年
制。

11月5日 港督麥理浩發表聲明，宣
佈特赦令。1977年1月前的貪污事
件，廉署不再追究。

11月7日 立法局舉行特別會議，通
過撤職法案，對不服從命令的警員
可立即革職。與此同時，各級警員
協會宣佈效忠。

11月14日 社會保障綠皮書公佈。

12月1日 廉政專員公署事宜投訴委
員會成立。

12月3日 香港和歐共體簽訂新的紡
織品貿易協定。紡織品輸往歐洲共
同市場配額大幅削減。

12月21日 立法局通過決議，全年採
用標準時間（格林威治時間加八小
時）。

12月21日 立法局通過《業主與住客
（綜合）（修訂）條例》。

12月30日 滙豐銀行宣佈發行一千元
面額鈔票，為香港最高面額的法定
紙幣。

本年

香港話劇團成立。

香港中樂團成立。

1978

1月7日 文物學會擬向英國請願,反對拆除舊鐘樓。

1月18日 獅子山第二條隧道正式通車。

2月6日 統計處宣稱:香港人口450萬。

2月14日 港府推行「居者有其屋」計劃,首期俊民苑正式動工。

3月15日 港府宣佈放寬銀行牌照發放,外資銀行准申請銀行牌照。

3月22日 港府新聞處宣佈,英女皇已批准再次延長港督麥理浩的任期到1979年8月。

3月 輔政司羅弼時就中英關係及新界前途問題在美國發表談話。

4月18日 水務署署長宣佈撤銷實行了322日的制水措施,恢復全日供水。

4月19日 清潔海灘活動展開,港督麥理浩與七十名少年警訊會員及童軍,清理荔枝窩海灘。

4月23日 保衛釣魚台行動委員會發表聲明:堅決為保衛釣魚台努力到底!

5月8日 當局採取緊急措施,防止越南人偷渡來港。

5月9日 金禧中學部分教師、學生和家長前往港督府及主教府請願。

5月14日 教署宣佈封閉金禧中學。

5月24日 港府就內地來港移民人數劇增問題照會內地有關當局。

5月28日 「金禧事件民眾大會」在維園舉行,有萬餘人參加。

5月30日 港府草擬全盤管制環境污染政策,首先制定「海水污染管制條例」。

6月8日 港府政治顧問魏德巍(衛奕信)訪問內地,向內地當局提出內地移民激增問題,英國表示此事由香港與內地當局接觸解決。

7月7日 田土廳設立投訴委員會,處理補加地價問題。

7月9日 「各界爭取金禧復校委員會」發動數千人請願,要求金禧中學復校。

7月19日 香港紗廠紡織部停止生產,遣散工人。

7月22日　王匡到港就任新華社香港分社社長。

8月4日　金鐘道一幅地以5.83億成交，創歷史最高紀錄。

8月22日　佳藝電視台突然倒閉，成為香港第一家倒閉的商營電視台。

8月24日　近六百名越南難民抵港，為三年來人數最多的一批。

9月30日　新華社香港分社在香港會議中心舉行盛大國慶招待會，港督麥理浩伉儷首次出席，各界中外人士近二千人參加。

9月　港府實施三年初中資助計劃，全港學生獲九年免費教育。

10月7日　沙田新馬場揭幕，並舉行首次賽事。

10月10日　立法局通過設政府帳目委員會。

10月14日　中國政府同意阻止內地人民大量來港。

10月18日　主法局審覽高等教育白皮書，港府全面資助三家認可專上學院。

11月27日　西貢萬宜水庫啟用。

12月14日　中國對外貿易部部長李強訪問香港，這是新中國成立以來部級官員第一次正式訪問香港。

12月23日　港府根據國際規則堅拒載有二千餘名越南民難民的滙豐號貨輪駛入香港。

12月25日　港府人士稱，本年內地進入香港的合法及非法移民首次超過香港每年的出生人口數。

1979

1月7日　油麻地艇戶七十六名代表未經申請赴港督府請願，集體被捕提控。

1月9日　五名民選議員因不滿市政局由委任議員操縱及獨裁，在市政局周年辯論大會上退席，以示抗議。

1月15日　港府公佈限制內地居民留港新措施。

2月7日　天運號貨船載着三千名越南難民未經通知闖入香港。

2月10日　內地復刊的《中國婦女》、《電影藝術》、《少年文

藝》等雜誌首次在港發行。

3月8日　港府宣佈，暫停辦理申請內地親屬來港。

3月9日　市政局民選議員選舉揭曉，葉錫恩、黃夢花、譚惠珠、楊勵賢、張有興、鍾世傑等六人當選。

3月20日　港府新聞處宣佈，港督麥理浩的任期獲准延長至1980年4月。

3月24日　港督麥理浩應邀訪問北京，探詢中國對1997年處理香港的意見。

3月29日　港督麥理浩獲國務院副總理鄧小平接見，開始了中英兩國關於香港問題談判的接觸。會面期間，鄧小平曾說：投資者可在香港放心投資。

4月4日　中斷三十年的港穗直通火車恢復通行。

4月26日　政府發表「進入八十年代的社會福利」白皮書。該白皮書臚列有關改善及擴大社會保障制度的建議，以及各類社會服務計劃的大綱。

5月9日　港府發表交通政策白皮書，對各種交通工具現在及未來的作用有所論述。

5月13日　港府宣佈實施夏令時間。

5月19日　港府將芝麻灣監獄、馬頭圍女童院闢為難民羈留中心。

6月7日　英國外交及聯邦事務大臣卡靈頓在倫敦與中國大使柯華會晤，表示希望中國支持英國最近提出的建議，召開一個國際會議處理越南難民。

6月12日　港督麥理浩飛英為安置越南難民奔走。

6月13日　英國下議院辯論時，外交及聯邦事務大臣畢力嘉回答工黨議員馬田詢問時強調說，香港並非時代錯誤的產品，而是一個成功的例子。還說，麥理浩此次訪華不是為談判香港問題，而且討論香港問題也非適當時機。

6月20日　英國政府宣佈增派英軍駐港。

7月10日　廣東省公安廳發表通告，宣佈從8月1日起簡化港澳人士返鄉手續。

7月11日　榮毅仁在北京表示，中國制定的合資法適用於港澳投資者。

7月20日　港督麥理浩出席聯合國召開的國際難民會議，獲得外國答允增加收容在港越南難民。

7月 香港《信報財經月刊》發表一組文章，提出解決香港問題的若干設想，這是香港報刊提出解決香港前途問題的具體方案之始。

8月9日 勞工處宣佈，1979年僱用兒童規例於9月1日生效，規定十四歲以下兒童不能在工業界及非工業界受僱工作。

9月1日 政府擴大執行強迫入學令，凡十四歲以下兒童均須入學。

9月25日 港督麥理浩任期獲准延至1982年4月。

10月1日 第一期地鐵觀塘至石硤尾站通車，首日乘客二十萬。這條地鐵為香港有史以來最龐大的公共交通系統，總投資額達120億元。

10月7日 華國鋒總理在北京談香港前途問題，謂可由北京和倫敦通過磋商解決。

10月 港督麥理浩在立法局會議上提出地區管理委員會計劃，簡稱DMC計劃。

11月2日 華國鋒總理訪英，在會見英國首相戴卓爾夫人時談到香港的未來問題，雙方同意維持香港繁榮與穩定，並同意就此問題保持接觸。

11月15日 入境事務處發出一種名為《簽證身份書》的旅行證件，以取代《身份陳述書》。

12月1日 內地停發《港澳同胞回鄉介紹書》，凡往內地的港澳同胞，一律須憑《港澳同胞回鄉證》入境。

12月14日 港府發表1979年工業多元化諮詢委員會報告書。

12月18日 房屋司宣佈全面管制住宅樓宇租金新法例，規定兩年只能加租一次，且加幅不得超過21%。

12月19日 廣東省革命委員會主任習仲勛在香港發表談話，表示中國政府正採取「有力措施」解決內地合法及非法移民不斷湧入香港的「不正常狀態」。